本书获得国家社会科学基金项目"对比修辞学视阈下的二语写作及其能力标准研究"(项目批准号:15BYY074)的资助。

跨文化修辞学视域下的
二语写作

鞠玉梅 著

中国社会科学出版社

图书在版编目（CIP）数据

跨文化修辞学视域下的二语写作 / 鞠玉梅著. --
北京：中国社会科学出版社，2025.5. -- ISBN 978-7
-5227-4831-3

Ⅰ．H05

中国国家版本馆 CIP 数据核字第 2025P4N536 号

出 版 人	赵剑英
责任编辑	侯苗苗　兰钧雯
责任校对	闫　萃
责任印制	郝美娜

出　　版	中国社会科学出版社
社　　址	北京鼓楼西大街甲 158 号
邮　　编	100720
网　　址	http://www.csspw.cn
发 行 部	010-84083685
门 市 部	010-84029450
经　　销	新华书店及其他书店
印　　刷	北京君升印刷有限公司
装　　订	廊坊市广阳区广增装订厂
版　　次	2025 年 5 月第 1 版
印　　次	2025 年 5 月第 1 次印刷
开　　本	710×1000　1/16
印　　张	15
字　　数	224 千字
定　　价	88.00 元

凡购买中国社会科学出版社图书，如有质量问题请与本社营销中心联系调换
电话：010-84083683
版权所有　侵权必究

目　　录

前　言 ………………………………………………………………… 1

第一部分　理论视角梳理

第一章　二语写作研究的理论模式与研究路径：跨文化修辞学视域 ………………………………………………… 11

 第一节　引言 ……………………………………………… 11
 第二节　学术渊源与理论模式 …………………………… 12
  一　Kaplan 模式：跨文化修辞学的渊源 ……………… 12
  二　Connor 模式：跨文化修辞学的形成 ……………… 14
 第三节　主要研究路径 …………………………………… 17
  一　后现代主义视角：文化身份的模糊 ……………… 17
  二　新媒介研究视角：写作与交流互动方式的变化 …………………………………………………… 18
  三　历时研究视角：与社会、历史与政治语境研究的结合 ……………………………………………… 19
  四　语料库语言学研究视角：语料库语言分析方法的使用 ………………………………………… 21
 第四节　反思与启示 ……………………………………… 22
 第五节　小结 ……………………………………………… 24

第二部分　二语学术写作修辞研究

第二章　二语学术论文摘要写作的修辞劝说机制 …… 27
- 第一节　引言 …… 27
- 第二节　分析框架 …… 28
- 第三节　研究设计 …… 31
  - 一　语料收集 …… 31
  - 二　研究步骤 …… 32
  - 三　研究问题 …… 32
- 第四节　结果与讨论 …… 33
  - 一　中外英语学术论文摘要语步分布情况 …… 33
  - 二　中外英语学术论文摘要元话语分布情况 …… 34
  - 三　中外英语学术论文摘要修辞劝说机制分析 …… 36
- 第五节　小结 …… 42

第三章　二语学术论文写作中的词块 …… 44
- 第一节　引言 …… 44
- 第二节　研究设计 …… 46
  - 一　研究问题 …… 46
  - 二　研究语料 …… 46
  - 三　词块提取与分析 …… 46
  - 四　研究步骤 …… 47
- 第三节　结果与讨论 …… 48
  - 一　词块总体分布特征 …… 48
  - 二　高频词块分布特征 …… 50
  - 三　词块结构特征 …… 52
  - 四　词块功能特征 …… 55
- 第四节　小结 …… 58

第四章 二语学术论文写作中的立场表达 …………………… 60

第一节 引言 ……………………………………………………… 60
第二节 相关文献综述和分析框架 ……………………………… 60
第三节 研究设计 ………………………………………………… 63
　一 研究问题 ………………………………………………… 63
　二 语料收集与处理 ………………………………………… 63
第四节 研究结果与讨论 ………………………………………… 65
　一 立场表达在三组语料中的整体分布
　　　情况及对比 …………………………………………… 65
　二 立场表达各类型在三组语料中的分布
　　　情况及对比 …………………………………………… 65
　三 立场表达在中外语料中的分布对比 ………………… 66
　四 中国英语学习者立场表达特征 ……………………… 67
第五节 小结 ……………………………………………………… 71

第五章 二语学术论文写作中引述句的主语特征与身份构建 …… 73

第一节 引言 ……………………………………………………… 73
第二节 相关文献综述和分析框架 ……………………………… 74
第三节 研究设计 ………………………………………………… 78
　一 语料收集 ………………………………………………… 78
　二 研究步骤 ………………………………………………… 79
　三 研究问题 ………………………………………………… 79
第四节 研究结果与讨论 ………………………………………… 80
　一 引述句主语的分布特征 ………………………………… 80
　二 引述句主语的身份构建功能 …………………………… 82
第五节 小结 ……………………………………………………… 87

第六章 二语学术书评写作中的言据性与身份构建 …………… 88

第一节 引言 ……………………………………………………… 88

第二节　研究背景 ………………………………………… 89
　　第三节　研究设计 ………………………………………… 91
　　　一　研究语料 …………………………………………… 91
　　　二　分析框架 …………………………………………… 92
　　　三　分析步骤 …………………………………………… 93
　　第四节　研究结果 ………………………………………… 93
　　第五节　结果讨论 ………………………………………… 96
　　第六节　小结 ……………………………………………… 102

第三部分　二语新闻写作修辞研究

第七章　二语报纸评论专栏中的互动元话语 …………… 107
　　第一节　引言 ……………………………………………… 107
　　第二节　分析框架 ………………………………………… 108
　　第三节　研究设计 ………………………………………… 111
　　　一　语料来源 …………………………………………… 111
　　　二　研究问题 …………………………………………… 111
　　　三　研究步骤 …………………………………………… 111
　　第四节　研究结果 ………………………………………… 112
　　第五节　结果讨论 ………………………………………… 116
　　第六节　小结 ……………………………………………… 121

第八章　二语报纸新闻评论特稿中的修辞叙事声音 …… 123
　　第一节　引言 ……………………………………………… 123
　　第二节　叙事与修辞 ……………………………………… 124
　　第三节　叙事声音 ………………………………………… 126
　　第四节　研究设计 ………………………………………… 128
　　　一　语料来源 …………………………………………… 128
　　　二　研究问题 …………………………………………… 128
　　　三　研究步骤 …………………………………………… 129

第五节　研究结果 ……………………………………………… 129
　　第六节　结果讨论 ……………………………………………… 132
　　　一　共性及其原因 …………………………………………… 132
　　　二　差异性及其原因 ………………………………………… 133
　　第七节　小结 …………………………………………………… 136

第四部分　二语媒体话语修辞与形象建构研究

第九章　二语报纸社论的国家形象建构 ……………………… 141
　　第一节　引言 …………………………………………………… 141
　　第二节　相关文献综述 ………………………………………… 142
　　　一　评价理论及其态度系统 ………………………………… 142
　　　二　国家话语之国家形象建构分析 ………………………… 143
　　　三　态度系统分析与国家形象建构 ………………………… 144
　　第三节　语料与研究步骤 ……………………………………… 144
　　第四节　结果与讨论 …………………………………………… 145
　　　一　基本数据 ………………………………………………… 145
　　　二　从态度资源看国家形象的建构 ………………………… 146
　　第五节　小结 …………………………………………………… 152

第十章　二语网络媒体话语的区域形象建构 ………………… 154
　　第一节　引言 …………………………………………………… 154
　　第二节　研究背景 ……………………………………………… 154
　　第三节　分析框架 ……………………………………………… 156
　　第四节　研究设计 ……………………………………………… 157
　　　一　研究方法 ………………………………………………… 157
　　　二　语料来源 ………………………………………………… 158
　　　三　研究问题 ………………………………………………… 158
　　第五节　结果分析与讨论 ……………………………………… 158
　　　一　主题词分析 ……………………………………………… 158

  二　情态分析 …………………………………………… 166
  三　互文性分析 ………………………………………… 170
 第六节　小结 ……………………………………………… 174

第五部分　二语写作修辞能力标准构建研究

第十一章　创新型外语人才写作修辞能力标准构建 ……… 177
 第一节　引言 ……………………………………………… 177
 第二节　何为创新型外语人才 …………………………… 178
 第三节　修辞能力及其评估 ……………………………… 179
 第四节　创新型外语人才写作修辞能力标准构建 ……… 182
 第五节　小结 ……………………………………………… 186

结　语 ……………………………………………………… 188

参考文献 …………………………………………………… 192

后　记 ……………………………………………………… 228

图表目录

图 2.1　论文摘要语篇修辞劝说机制分析框架 ·················· 31
图 5.1　引述句主语特征分析框架 ····························· 77
表 2.1　中外英语学术论文摘要中五语步的整体分布状况 ········ 33
表 2.2　中外英语学术论文摘要中元话语分类统计 ·············· 34
表 3.1　词块在语料库中的分布状况 ··························· 48
表 3.2　语料库中的词块使用丰富度异同 ······················· 49
表 3.3　语料库中共有的高频词块 ····························· 50
表 3.4　CMC 与 NSC 语料库高频词块显著性差异 ················ 51
表 3.5　CSC 与 NSC 语料库高频词块显著性差异 ················ 51
表 3.6　语料库中词块结构分类统计 ··························· 52
表 3.7　介词型词块在语料库中的使用情况 ····················· 53
表 3.8　名词型词块在语料库中的使用情况 ····················· 54
表 3.9　动词型词块在语料库中的使用情况 ····················· 54
表 3.10　语料库中词块功能分类统计 ·························· 55
表 3.11　语篇型词块在语料库中的使用情况 ···················· 56
表 3.12　研究型词块在语料库中的使用情况 ···················· 56
表 3.13　参与型词块在语料库中的使用情况 ···················· 57
表 4.1　立场表达分析框架 ··································· 62
表 4.2　立场表达在三组语料中的总体分布情况 ················· 65
表 4.3　立场表达各类型在三组语料中的分布情况 ··············· 66
表 4.4　中国英语学习者与英语母语学生语料中的立场表达
　　　　对比 ··· 67
表 4.5　汉语母语学生与英语母语学生语料中的立场表达对比 ····· 67

表 5.1	引述在三组语料中的整体分布情况	80
表 5.2	自我引述各主语类型在三组语料中的分布情况	81
表 5.3	他人引述各主语类型在三组语料中的分布情况	82
表 6.1	言据性据素的分析框架	92
表 6.2	语料库中各类据素使用统计结果	94
表 6.3	语料库中据素使用频率对数似然率检验结果	95
表 7.1	互动元话语分类框架	109
表 7.2	互动元话语整体统计结果	112
表 7.3	互动元话语二级分类亚类别统计结果	113
表 7.4	互动元话语、立场标记语和介入标记语使用频率 χ^2 检验结果	113
表 7.5	立场标记语和介入标记语亚类别使用频率 χ^2 检验结果	114
表 7.6	互动元话语三级分类亚类别统计结果	115
表 8.1	语料库中转述言语总体情况统计	130
表 8.2	语料库中转述方式情况统计	130
表 8.3	语料库中转述消息来源情况统计	130
表 8.4	语料库转述言语使用情况 χ^2 检验结果	131
表 9.1	语料库中的态度资源类型分布状况	145
表 10.1	中方语料库前 40 个关键词统计	159
表 10.2	外方语料库前 40 个关键词统计	160
表 10.3	情态动词的情态量值分类	167
表 10.4	中方语料库中的情态动词	167
表 10.5	外方语料库中的情态动词	167
表 10.6	中外语料库中转述动词统计	170
表 10.7	中外语料库中引用信息的消息来源分布统计	171
表 11.1	写作修辞能力评估标准框架	186

前　言

跨文化修辞学的前身对比修辞学与二语写作研究有着天然的密不可分的联系。自其 20 世纪 60 年代开创以来，对比修辞学就是通过对比母语与第二语言在修辞模式上的差异来研究第二语言写作中出现的问题。1966 年，美国应用语言学家 Robert Kaplan 发表的《跨文化教育的文化思维模式》（Cultural Thought Patterns in Inter-cultural Education）一文首次对第一语言的思维模式和语篇结构在第二语言中的表现进行了研究。Kaplan 由此得出的研究结论为写作与文化直接相连，每一种语言和文化都有其独特的修辞传统，母语所承载的文化与修辞传统会对第二语言写作产生影响。Kaplan 的观点在二语习得研究界引起了巨大的反响。

自 Kaplan 以后，众多研究者从各个角度，借助各种理论，并采用多种方法对二语写作进行了对比修辞的研究。这些研究可归为以下三个方面：第一个方面是文本研究，即对比母语与二语写作的文本。从已有的研究成果来看，前人对二语写作所进行的对比修辞研究的文本主要集中于学生作文和学术论文两类。很多学者比较过以英语为母语的学生的英语作文与英语为第二语言或外语的学生的作文，例如 Connor（1996）、Doolan（2013）、Johns（1984）、Li et al.（2012）、Matalene（1985）、Mauranen（1993）、Petch-Tyson（2000）、Scollon et al.（2000）、程晓堂和裘晶（2007）、王立非和陈功（2009）等；也有一些学者研究母语与二语学术论文写作在诸多方面的异同，例如 Ädel & Erman（2012）、Cao & Xiao（2013）、Carrió-Pastor（2013）、Deng（2012）、Hyland（2004）、Hyland & Tse（2004）、Lau（2004）、Mohan & Lo（1985）、Pérez-Llantada（2014）、Taylor & Chen（1991）、

Tseng（2011）、Yang（2012）、肖忠华和曹雁（2014）、徐昉（2011，2012）等人的研究，此类研究的一个重要目的在于促进二语写作教学，提高二语写作的水平。第二个方面是研究层面，多数研究是从词汇、句法和语篇三个层面对母语和二语写作展开对比研究。例如，马广惠（2002）对比了中美大学生英语作文在词汇、句法和语篇三个层面的语言特征。随着语篇语言学的蓬勃发展，关于篇章层面的研究比较多，主要集中在衔接、连贯和语篇模式研究方面。衔接研究主要依据 Halliday & Hasan（1976）的衔接手段分类，对比分析不同语言在组句成篇时的衔接方式。例如，Connor（1984）发现二语学习者在衔接手段的使用数量上与母语为英语的学生并无区别，但类型上缺少变化。连贯研究关注语篇中各种概念及命题之间在意义上的联系，展开对段落语义结构的对比研究。例如，Coe 和胡曙中（1989）的研究发现中国作者的英语语篇结构既不完全像以英语为母语的英语语篇，也不完全像中国作者的汉语语篇。语篇模式研究关注语篇的宏观结构，研究者将同一体裁的语篇模式进行对比分析，以揭示特定体裁的语篇在不同文化中所具有的体裁共性及文化特定性以及对二语写作的影响。例如，Soter（1988）对澳大利亚学校里母语分别为英语、越南语、阿拉伯语的学生的叙事类作文的故事结构进行分析，发现母语为越南语的学生对人物对话的重视胜过情节，而母语为阿拉伯语的学生所写的故事中场景描写多于其他学生。第三个方面是关于修辞模式研究，即对比母语与二语写作修辞模式的差异。开创了对比修辞学的 Kaplan（1966）对 600 份不同文化背景学生撰写的英语为二语的作文进行了对比研究，发现来自不同文化背景的学生使用了不同的修辞模式。他将这些修辞模式按照作者归属的不同种族归纳为如下五种模式：英语的直线型模式、东方语言的螺旋型模式、闪族语的平行式模式、俄语的偏离式模式和罗曼语的曲折型模式。他认为一种文化特有的思维模式和思维序列会直接体现在语篇的组织结构上，母语的语篇结构和修辞方式在第二语言写作中会有所体现。Kaplan 的研究在学界引起了很大的反响，不断有学者展开类似研究，有的支持了 Kaplan 的观点，有的则与 Kaplan 的观点有偏差。例如，Bickner & Peyasantiwong

（1988）、Cai（1993）、Eggington（1987）、Hinds（1983）、Kirkpatrick（1997）、Li（2014）、Simpson（2000）、丁言仁和胡瑞云（1997）、方丽青（2005）等人的研究。现今大部分学者认为每种语言的写作不只存在一种修辞模式，不同语言的修辞差异反映的是特定文化的写作习惯和修辞偏好。

纵观国内外基于对比修辞学的二语写作研究，虽然已经取得了较为可观的成果，但仍然存在一些问题，主要表现在以下五个方面：第一，大部分研究主要集中在对学生二语写作文本的研究上，研究的目的主要是用于指导二语或外语写作教学。出于现实的考虑，绝大部分的二语写作研究以学生的作文为研究对象，试图通过与本族语者的写作文本进行对比，找出学生作文中的问题，以促进外语写作教学。第二，各体裁领域研究不平衡。很多具有学术价值的体裁的研究还处于零散状态。第三，二语写作对比研究的对象范围仍不够丰富，比如对二语写作者内部不同群体的对比研究还不多，对比研究的范围尚待进一步拓宽。第四，以往研究主要关注二语写作语篇对比及其对二语写作教学的启示，较少考虑它的社会功能与对外传播价值，这在当前新时代国家发展的背景下是一个缺失。第五，缺乏对二语写作修辞能力标准的研究。国内外鲜有人考虑二语写作修辞能力标准的制定问题，虽也有人研究二语写作的产出问题，但对二语写作修辞能力以及能力标准的制定这一与外语能力密切相关的话题还没有引起学界的足够重视，这与国家的外语发展战略研究要求有一定的偏差。

跨文化修辞研究已呈现出多元发展的趋势。以 Kaplan 为代表的研究模式早已不是唯一的探索二语写作的路径，这种模式的研究已经被冠以"传统对比修辞学"的说法。突破传统对比修辞学的研究范式，更新涉及二语写作的许多关键概念诸如"文化""母语""第二语言""跨文化""身份""写作""作者""读者""修辞"等将是必然的发展趋势，与此同时，二语写作的研究对象也将进一步扩大到二语写作的多个层面，研究目标也将突破查找二语写作的问题和描述二语写作的特点的藩篱，研究方法也将不断优化。基于对比修辞学的二语写作研究必将发展成为一个"视域宽广的跨学科研究领域"（Atkinson，

2013：230），其学科优势也将日益凸显。

我们拟在前人研究的基础上，从跨文化修辞学的理论视野出发，将写作视为一种社会文化行为，研究二语写作与多层面文化之间的密切关联性，发现潜藏于写作背后的社会文化和政治因素，以对二语写作进行较为全面和系统的研究。具体来说，我们拟研究二语写作文本、影响二语写作的社会文化因素、二语写作的国家形象和国家身份构建潜势、二语写作修辞能力及其标准制定与评价等问题，旨在探索不同背景下二语写作的特点和规律、二语写作的社会文化实践性、二语写作与对外传播的关系，并发现和界定二语写作修辞能力以及能力的测评标准。

本研究的内容包括以下五个方面：第一，对跨文化修辞学的渊源、发展历史、理论模式和研究路径以及发展趋势进行回溯、梳理和探测，从而为本研究打下坚实的理论基础。第二，探索二语写作产出的语篇特征，运用书面语篇分析的方法，探究二语的宏观篇章结构以及体现在各个方面的微观语言特征与母语写作的异同。第三，将社会文化因素纳入研究视野，结合众多学科理论和方法，研究文化和社会语境对二语写作行为的影响，发现在不同文化和思维模式影响下二语写作者的修辞习惯和修辞取向之差异。第四，对二语写作如何适应国际话语模式进行研究，探索国际话语环境，研究如何通过二语写作提升中国国际形象，提出我国二语写作应对国际话语范式的策略，为对外传播与更好地"走出去"提供一定的参考。第五，进行二语写作修辞能力研究，提出"二语写作修辞能力"这一概念，并就二语写作修辞能力应该包含的方面和因素进行探索，据此尝试性地勾勒出二语写作修辞能力组构的框架，并试图构建一个二语写作修辞能力的评价标准。

我们力图在理论与实践两个方面促进跨文化修辞视角下二语写作研究的发展。具体来说，包括以下四点：第一，从跨文化修辞学的视域研究二语写作，可丰富二语写作的研究对象和范围，使其研究边界得以延伸，突破以往传统研究的疆域，促进其理论视野的拓展。第二，多维度比较分析二语写作文本从语言表层差异到隐藏在语言背后的深层社会文化观念的差异，发现不同文化圈写作的修辞偏好，提高中国作者的二语写作水平，并为我国的二语写作教学实践提供新的教学理念和方法。第三，通过接触和研究国外的写作模式，逐渐与国际写作研究与修辞实践话语接轨，增强二语写作适应国际话语模式的能力，从而提高我们在诸多方面输出与传播中国形象、建构国家身份的效果，提高中国对外传播的实效，对于实施"走出去"战略具有一定的参考价值。第四，通过对二语写作修辞能力及其能力标准进行研究，提高人们对二语写作的认识，厘清二语写作修辞能力包含的方面和因素，探索二语写作修辞能力的标准，促进我国外语能力测评标准的多维度制定。

我们所使用的研究方法包括以下四种：第一，理论驱动与语料驱动研究相结合。一方面，本研究将借助跨文化修辞学的理论视角对多维度与多层面的二语写作进行探索，研究其本质及规律性，并对二语写作修辞能力及其相关问题进行理论思考；另一方面，本研究将借鉴已有的二语写作语料库或者根据研究问题自建相应的二语写作语料库，运用语料库的研究方法，对二语写作的特征进行量化的描写与解释。第二，描写性研究与解释性研究相结合。一方面，本研究意在描写二语写作的语言和修辞特征；另一方面，本研究也旨在通过跨文化修辞学中的理论探讨二语写作中所出现的语言和修辞选择的理据，并在社会、政治、文化的语境中解释二语写作中出现的语言和修辞现象的原因。第三，文本分析法。分析二语写作文本，对其呈现的语篇特征进行分析。第四，对比分析法。对二语写作展开多维度与多层面的对比研究，比如，对比母语与二语写作以及二语写作内部不同变体与不同群体写作的特征，对比不同维度的二语写作能力等。

我们的总体研究步骤分为以下三步：第一，对跨文化修辞学的理论进行梳理，厘清其发展脉络，探索其研究路径和发展趋势；第二，将跨文化修辞学的理论观点和方法应用于二语写作研究，主要以学术和媒介文本写作为例，进行个案研究，对比分析二语写作文本，探索影响二语写作的社会文化因素，揭示二语写作的国家形象和身份构建潜势；第三，对二语写作的能力标准问题进行研究，提出"二语写作修辞能力"概念，对其进行界定，并对其能力组构和评价标准进行研究，制定评测标准。

个案研究步骤分为以下七步，即确定具体研究问题→收集语料→构建语料库→建立分析框架→对语料进行量化统计分析→对语料进行定性分析→得出研究结果。我们将做系列实证个案研究，以期充分挖掘多层面二语写作不同维度的特征和规律以及其应用。

本书内容由前言、结语以及五个部分的专题研究组成。前言介绍研究背景、研究对象与内容、研究意义以及研究方法和步骤。

第一部分为"理论视角梳理"。该部分由第一章组成，主要对跨文化修辞学的发展过程进行深入解读，梳理其主要理论模式及发展历程，评析其研究路径，并对相关理论和实践问题进行反思。该部分可看作随后几个部分研究的基础，为接下来的实证个案研究提供视角和路径。

第二部分为"二语学术写作修辞研究"。该部分由第二至六章组成。第二章基于古典修辞学 Aristotle 的劝说理论，通过比较中外学者发表在国际英语期刊应用语言学领域的论文，探讨英语二语学术论文摘要的修辞机制。第三章探讨外国语言学及应用语言学专业硕士研究生、中国学者与英语母语学者在语言学与应用语言学研究领域论文写作中词块的使用与其结构和功能特征。第四章对比中外英语学术论文结论部分的立场表达情况，揭示与分析中国英语学习者与英语母语学生在立场表达方面的异同；同时，通过比较汉语母语学生的汉语学术论文结论部分同英语母语学生的英语学术论文结论部分，探讨在立场表达方面导致中外差异可能存在的汉语影响。第五章基于英语母语学者、中国学者及中国英语专业硕士研究生的学术英语语料，聚焦引述句主语，探讨他们在引述句主语的使用方面各自的特点和规律，以及由此所构建的反映不同母语文化、不同群体文化的学术身份特征。第六章从国际语言学与应用语言学类英语期刊收集中国学者和英语母语学者发表的学术书评作为语料，对比分析中外作者书评中言据性据素的使用特征和由此构建的身份特征。该部分主要集中于探讨英语二语学术写作者的写作特征，选择学术论文、论文摘要和学术书评等亚体裁为例，不仅关注词块、引述句、言据性据素等语言特征，还涉及劝说、立场、身份等修辞和社会文化层面的分析，揭示二语写作者特有的语言风格以及风格背后选择的动因。

第三部分为"二语新闻写作修辞研究"。该部分由第七至八章组成。第七章聚焦二语报纸专栏评论写作的互动元话语使用，探讨母语为汉语的中国作者所撰写的英语二语专栏评论语篇中的互动元话语使用特点。第八章基于修辞叙事理论并以转述言语为切入点，探讨中国和英语母语作者发表在《中国日报》上的新闻评论特稿版块文章的修辞叙事声音，借此发现二语写作者在此类体裁写作中的声音特点。该部分主要探究英语二语写作者在新闻这一体裁中所表现出的修辞特点，主要以新闻评论这一亚体裁为观察对象，以互动元话语使用和修辞叙事声音特征为例，分析和讨论二语新闻写作者的风格偏好，并将其与社会文化等语境因素相结合进行阐释。

第四部分为"二语媒体话语修辞与形象建构研究"。该部分由第九至十章组成。第九章以《中国日报》在中国共产党第十九次全国代表大会召开期间发表的相关社论语篇为语料，基于评价理论中的态度系统，探讨国家话语如何通过话语构建国家形象。第十章以山东省在打造"好客山东"这一品牌区域形象的话语修辞构建为例，以英语网络媒体话语为语料，对比分析中外网络媒体话语所构建的山东形象的异同，评估中方对外传播话语的修辞效力，并给出相应的对策建议。该部分主要聚焦英语二语话语如何通过文本构建国家形象和区域形象，探索我国对外传播媒体的传播特征以及形象构建及其传播效果，通过反思现有传播方式，提出有助于提升传播效果的策略建议，从而彰显二语写作研究有别于其写作教学启示的更广泛的应用视域。

第五部分为"二语写作修辞能力标准构建研究"。该部分由第十一章构成，主要探讨基于中国英语能力等级量表的创新型外语人才写作修辞能力评价的目的和意义，并以学术写作修辞能力评价为例，从体裁知识、修辞策略、过程策略、语言知识、学术话语共同体知识、学术规范知识、心理素质和身体素质七个方面论述写作修辞能力标准制定的组构维度，并由此提出写作产品即写作文本所应具有的清晰性、复杂性、逻辑性、得体性、深刻性、独创性、规范性、有效性八个方面的评价标准。该专题主要聚焦新时代在国家标准指导下的二语写作测评研究,通过提出写作的修辞能力概念和评估框架,拓展二语写作研究的新领地。

结语总结全书,给出本项研究的主要发现,阐明研究的学术价值和应用价值,并指出研究的不足以及未来进一步研究的方向。

第一部分

理论视角梳理

第一章 二语写作研究的理论模式与研究路径：跨文化修辞学视域[①]

第一节 引言

跨文化修辞学源于20世纪60年代的对比修辞学。创立的早期主要关注母语修辞方式对第二语言写作的影响，目的是通过对不同语言与文化修辞模式的对比研究，指导第二语言写作实践。在发展过程中，受诸多相关学科的影响，通过吸收来自其他领域的理论，其研究视野不断拓宽，理论框架也进行了多次修正，并且仍然在发展中。随着国内学界对二语写作研究的持续升温，特别是随着高等教育国际化的发展，二语写作，尤其是学术写作备受关注。因此，我们认为有必要从跨文化修辞学这一实践指向特别强烈的学科领域汲取养料，总结和反思跨文化修辞学视域下二语写作研究的主要理论模式和当前研究路径，以推动我国跨文化修辞学研究向纵深发展，并为二语写作教学提供必要的启示。

本章从跨文化修辞学学科目标和特点出发，广泛收集和梳理相关文献，对跨文化修辞学视域下二语写作研究的渊源、理论模式及当前研究路径进行综述。内容既涉及跨文化修辞学的相关概念、研究视角及争论焦点等理论层面的探讨，也包括跨文化修辞学的实践意义研究，据此对跨文化修辞学视域下的二语写作研究进行反思，并得出研究与教学启示。

---

① 本章在鞠玉梅（2016a）的基础上修改完成。

第二节　学术渊源与理论模式

通过对60多年跨文化修辞学研究的梳理，我们发现该领域理论模式的发展主要经历了三个阶段：Kaplan模式、Connor模式和近期多元发展模式。而且，每一种模式都有其各自争议的焦点。本节探讨前两个模式，第三个模式放在下节的当前研究路径中进行讨论。

一　Kaplan模式：跨文化修辞学的渊源

Robert Kaplan在1966年发表了一篇题为《跨文化教育的文化思维模式》（Cultural Thought Patterns in Inter-cultural Education）的论文，报告了他对600份不同文化背景学生撰写的英语为二语的作文所做的对比研究。他的研究发现来自不同文化背景的学生使用了不同的修辞模式。[1] 研究结论认为写作与文化直接相连，每一种语言和文化都有其独特的修辞传统。写作结构安排的顺序受制于写作者的文化思维模式，换句话说，一种文化特有的思维模式和思维序列直接体现在语篇的组织结构上。母语所承载的文化与修辞传统对第二语言写作产生影响。这一奠基性论文首次使用了"对比修辞"（Contrastive Rhetoric）这一术语，并开创了"对比修辞学"这一研究领域。

Kaplan的研究引起了当时应用语言学界的关注。直到今天，Kaplan的研究仍然被看作很有价值的，比如Bloch（2013：243）认为，Kaplan发表于1966年的论文"是对二语写作研究领域唯一的最重要的贡献""其价值来自将长期处于互相分离状态的不同领域整合起来，具体来说，将应用语言学与当代修辞学交叉成为一个新的具有高度能产性的研究领域"。Kaplan赋予"修辞"这一变化多端的术语以新的定义，并将第二语言写作的研究从句法层面提升到了语篇结构层面，顺应了20世纪五六十年代语言研究的潮流，并直接促成了对比

---

[1] Kaplan（1966）将其研究中二语学生写作的修辞模式按照作者归属的不同种族归纳为如下五种模式：英语的直线型模式、东方语言的螺旋型模式、闪族语的平行式模式、俄语的偏离式模式和罗曼语的曲折型模式。

修辞学的产生。

Kaplan 的研究在学界激起了许多讨论。有的学者与 Kaplan 的观点相左，对其研究提出了疑问（如 Casanave，2004；Connor，1996；Leki，1991；Mohan & Lo.，1985；Spack，1997）。学者们认为 Kaplan 的研究主要有以下问题：二语学生的写作问题不一定是由其母语修辞模式的负迁移引起的，可能受二语语言能力、写作能力、教育环境、学术背景等诸多因素的影响；过分简单化地将不同的语言归为一个类别，并为其贴上相同的修辞模式标签，这种做法过于粗线条，忽略了它们之间的差异；只关注了写作产品，未能对二语写作的复杂写作过程进行研究；不应以英语为母语者的写作方式为标杆，与其他非英语母语作者进行对比，具有强烈的"文化帝国主义"色彩；研究语料不足以支撑得出如此的结论。对于上述批评，也有学者（如 Li，2014）撰文进行强烈抨击，认为他们歪曲了 Kaplan 的研究初衷和目的。

Kaplan 在后来的研究中（Grabe & Kaplan，1996；Kaplan，1987）对自己早期的结论进行了修正。调整后的观点认为，不同语言的修辞差异不一定是由思维模式的差异引起的，它只是反映特定文化的写作习惯不尽相同；而且，每种语言都不只存在一种篇章组织方式。但在一些学者眼中（如 Kubota & Lehner，2004），虽然 Kaplan 的研究目的意在促进二语写作教学与实践，但他所代表的"传统对比修辞研究"给我们所看到的是对文化所做的静态的"自身"与"他者"的二元区分，是一种对文化的殖民主义建构，由此带来的后果是加强了权力关系不平衡的合法化。

尽管有众多质疑，Kaplan 的研究模式在学界掀起了对比修辞研究的热潮，众多相关研究相继产生。自 Kaplan 的奠基性研究开始至 20 世纪 80 年代，此类研究的主要目的是对比母语与二语写作者的差异，研究的语料主要是学生的二语习作，尤其是说明类作文。80 年代以后，篇章语言学（Text Linguistics）的兴起丰富和完善了对比修辞学的理论体系。衔接（cohesion）、连贯（coherence）和语篇模式（textual pattern）等各种语篇分析手段的使用，使得对比修辞学的理论体系得到了拓展。从语篇衔接角度进行的对比修辞研究主要对比分析不同语言在组句成篇时的衔接方式。从语篇连贯角度进行的对比修辞研究包括对不同语言的段落语义结构进行对比。从语篇模式角度进行的对比修辞研究主要关注语篇的宏观结构，将同一体裁的语篇模式进行对比分析，以揭示特定体裁的语篇在不同文化中所具有的体裁共性及文化特定性以及对二语写作的影响。除了对语篇文本本身进行研究之外，研究者还开始考虑篇章作者写作与读者解读的过程，将语篇分成"作者责任型"和"读者责任型"两类文本（Hinds, 1987），这两类文本的产生原因是特定文化的语篇传统组织方式所影响的。

二 Connor 模式：跨文化修辞学的形成

自 20 世纪 90 年代开始，对比修辞研究的视野进一步拓宽，已超越了单一的、以语篇结构分析为主的语言学框架，更多地考虑写作过程中的认知和社会文化变量。Ulla Connor（1996）的《对比修辞——第二语言写作的跨文化层面》（*Contrastive Rhetoric: Cross-cultural Aspects of Second-language Writing*）一书可以看作这一阶段对比修辞研究的代表作。Connor 详细论述了其他学科，如写作教学研究、篇章语言学、人类文化学以及翻译研究等领域给予对比修辞研究的影响和贡献，从心理学、人类学、教育学和应用语言学等角度探讨了"写作是一种深嵌于文化的行为"这一论题，并就对比修辞研究中的不同体裁写作研究进行了详细论述。Connor 的研究使对比修辞学在三个方面得到了拓展：一是对比修辞研究的学科交叉性日益加强，已发展成为集语言学、修辞学、写作、教育、认知、人类学等多种相关学科于一体的研究领域；二是写作是一种文化行为，而文化又包含多个不同层面和不同维度的文化，因此，同一个人可能分属多个不同的文化圈；三是各种不同写作体裁的研究也已成为对比修辞学的研究对象，其研究语料不仅包括学生议论文写作，还包括对各种不同体裁写作的研究，如与 Swales（1990）相关的学术体裁写作研究，与 Bhatia（1993）相关的职业体裁写作研究等。

与此同时，语篇分析涉及的其他因素也被纳入对比修辞研究的范畴，例如，对语篇中元话语的使用策略进行对比分析（如 Hyland,

2005a）等。对比修辞研究涉及的语言种类也越来越多。研究者越来越认识到，为了表达其特有的文化语境，不同的文化圈形成和发展了代表其文化特征的语篇修辞模式，写作被看作特定文化群体内的交流活动。

进入 21 世纪，人们对母语及第二语言写作的认识发生了很大的变化。尽管不同文化或语言所偏爱的语篇组织模式存在差别，但没有哪一种文化的写作模式可以简单地归纳为"直线型""曲折型"或"螺旋型"等固定模式，修辞模式也会随着不同社会语境如写作情景、交际目的、读者预期等因素而产生动态变化，没有哪一种修辞模式是固定静止不变的。而且，我们应对不同文化或语言的修辞模式持一种中性的立场，无好坏优劣之分，只是存在差异而已。Kaplan（2001）发表于 21 世纪初的论文《对比修辞学究竟是什么？》（What in the World Is Contrastive Rhetoric?）超越了他最初的研究视野，提出了以下五个研究问题：哪些题目可以写？谁有说话/写作的权威？用什么样的体裁写？用什么作证据？什么样的布局谋篇可能被读者接受？这些问题突破了他最初的传统对比修辞学的疆界，认为文化的影响贯穿于写作的整个过程，不仅表现在语篇结构安排上，也表现在选择什么题目、谁可以写等充满意识形态视角的问题，还表现在读者预期等各种互动因素中。可以看出，Kaplan 后期的研究已充分意识到了社会文化因素对于二语写作全过程的影响。Kubota & Lehner（2004）采取"批评对比修辞学"（Critical Contrastive Rhetoric）的视角，将语言和文化研究中的"后结构主义""后殖民主义"和"后现代主义"等概念引入对比修辞学的理论体系，从权力关系、知识的话语建构以及修辞多元性的角度来重构修辞的文化差异，增加了对比修辞学的研究范式，强调了社会文化因素在对比修辞理论体系中的重要性，也顺应了后现代语境下人文社会科学研究的潮流。

在这种对比修辞研究由纯语言分析模式转向认知和社会文化模式的形势下，Connor 于 2004 年在《跨文化修辞研究：超出语篇的范围》（Intercultural Rhetoric Research：Beyond Texts）一文中，正式提出了"跨文化修辞"（Intercultural Rhetoric）的概念，以期能更准确地揭示对比修辞学理论的核心和内涵。提出这一新说法的主要原因在于 Connor 认为"对比修辞"已是一个过时的概念，无法适应跨文化交际越来越复杂的情形。此后，在 2008 年和 2011 年发表的著述中，Connor 进一步阐述了她关于"跨文化修辞"的观点。她希望这一新提法能更好地体现对比修辞研究所应该努力的方向，比如跨文化/语言写作研究应该持有更广泛的视野，使用更新的研究方法如语料库分析方法，使用更有利于揭示语篇互动性的民族志研究方法，寻求关于文化更加动态的定义包括那些各种更小的非民族类别的文化区分等。Casanave（2004）认为 Connor 的这一新提法扩展了对比修辞研究的疆域，涵盖多种不同语言、体裁、研究方法之下修辞的跨文化研究，强调跨文化研究的动态模式，推动了对比修辞研究的发展。

Canagarajah（2013）认为 Connor 对学科的推进方向是正确的，使对比修辞学摆脱了以往"确定性的、标准性的以及规定性的文化取向"。但是，Canagarajah 认为 Connor 走得还不够远，"跨文化"这个术语仍然带有文化自足性和文化决定性的内涵，"修辞"也经常被打上静态语言规约的标签。因此，他提出用"跨国际实践"（Cosmopolitan Practice）或者"跨语际实践"（Translingual Practice）术语取代"跨文化修辞"的提法。在他看来，"跨国际"这个术语更指向多层面联盟和接触区域而不是互相分离的社区，"实践"这个说法隐含协商式的互动，表明所谓的"标准"不是凝固不变的，而是始终动态变化的。

我们认为，到底应该用哪个术语也许并不十分重要，要紧的是观念的转变。对比修辞学已经由静态修辞模式描述转向多元动态互动研究，文化的影响也已由简单的二元切分转向多层面多维度的文化模式，研究目的也不再是探索发现文化间的明确区分以及由此带来的截然不同的修辞模式，文化与文化间不存在明显的界限，很多情况下更多的是一种程度问题。特别需要强调的是，这一阶段所说的文化与 Kaplan 时期的文化即等同于一个国家、一个民族的观点大为不同。取而代之的是强调文化的复杂性，文化的切分是流动的，随着我们关注方面的变化而变化。"文化"这个概念变得相当能屈能伸，文化的类型非常广泛，比如我们可以有诸如西方文化、儒家文化、战争文化、饮食文化、学术文化、学生文化、家庭文化、企业文化等无法穷尽的文化的说法。当我们在进行第二语言写作研究和实践时，需要关注二语写作中相互关联的不同层面的文化，所有的文化层面都必须加以考虑。

跨文化修辞视角的出现，标志着对比修辞学在不断拓宽研究领域，修正理论模式及研究方法。修辞与文化语境之间的关系变得复杂起来。跨文化修辞研究开始考虑写作的交际性与社会性，将影响书面写作的各种复杂的社会、文化及教育因素纳入研究体系，研究写作过程中所涉及的各种因素，以及影响写作者及写作成果的历史背景与社会文化语境，有助于更加全面、深入地揭示影响二语写作的各种相关因素，加深对多种不同层面文化修辞习惯和修辞取向的动态理解，对二语写作教学与实践具有重要的影响。

第三节　主要研究路径

在 Connor 提出跨文化修辞学之后，该领域进入多元发展理论模式阶段。根据 Belcher（2014）、Connor（2013）的观点，研究路径可以归纳为以下几个方面。

一　后现代主义视角：文化身份的模糊

Belcher（2014）认为跨文化修辞研究越来越带有后现代主义的痕迹。传统对比修辞学中的"文化""母语"和"第二语言"等关键概念被后现代的观念特点诸如碎片化、混杂性、流动性、去中心性以及个人身份的构建性等不断颠覆。研究者跨越了有关修辞的静态语言文化概念范畴。随着国际文化交流和交融的日益频繁，以及在全球化时代背景下越来越多的英语使用者并非英语母语作者的这一事实日益凸显，在很多情况下，二语实践者的文化身份变得模糊起来，不再具有清晰的文化身份，他们可能同时拥有多个文化身份或者自身拥有多个文化的标记，很难将他们划为某个特定的文化归属。在他们进行二语实践时，就不仅代表一种文化，而是多种文化的杂糅。因此，此时的二语写作研究必然无法像传统对比修辞研究那样进行清晰的文化界定和由此带来的修辞模式研究，取而代之的是教师和研究者将其视为单一的个体，而不是给其打上某个特定文化的标签。

那些在多个国家生活和工作过的国际公民就代表此类明显具有后现代特征的语言使用者，甚至有时他们自己都很难确定到底哪一种语言是他们的第二语言。Belcher（2014）以学者 Emi Otsuji 为例，说明文化身份的动态性对跨文化修辞研究的影响。Otsuji 是一名出生于美国的日本人，童年在日本度过，青少年分别在苏格兰、新加坡和荷兰度过，成年后在澳大利亚生活。Otsuji（2010）认为自己的文化身份是不稳定的，是一个源于所居住过的多种地方的经验混杂形成的产物。诸如 Otsuji 这一类人的文化和种族身份就是后现代意义上的身份概念，这种现实对跨文化修辞研究所产生的直接影响就是有关语言观念的变化。Otsuji & Pennycook（2010）认为研究者所分析的不再是与稳定的身份、民族与居住地相联系的稳定语言文化体系，传统规约的与语言相关的截然区分的意识形态也已不复存在。城市的语码混合不应被看作从一种语码向另一种语码的转换，甚至不存在所谓的第一语言和第二语言的区分，所使用的每一种语言都是一种意图适应当地语境的中介语。

总之，在这样的情形下进行二语写作研究，传统对比修辞学的一些重要概念不得不遭遇解构。文化决定论的观念显得不合时宜，文化与修辞模式的直接关联似乎无从谈起。语言使用者独立于某一种特定文化之外，在写作时，他们所做的是有选择地吸取多种文化资源来构建文本和意义，而不是受制于某一文化模式的禁锢。这不得不使我们调整二语写作的教学目标和跨文化修辞研究的取向。

二　新媒介研究视角：写作与交流互动方式的变化

在后现代理论的影响下，人们不再认为话语是静态构建的，构建话语的不同修辞模式也已不再是泾渭分明的。除此之外，Belcher（2014）认为，互联网时代的写作与交流方式所带来的变化也日益成为跨文化修辞学研究的新焦点。现代电子技术彻底地改变了话语本身，以前所说的话语社区已无法依据地理概念而划分。互联网技术的发展催生了网上密切关系空间的出现，在这种虚拟空间中，互动变得更加便捷和轻松，一种新型社区随之产生。这种新型社区虽然在一定程度上受参与者以前社区关系的影响，但更多地受数字互动所提供的便利和限制的影响，形成一种随着互联网飞速发展而带来的新型使用文化。研究者对这样一种新型的网上社区文化和交往互动已产生了兴趣，开始关注和研究其修辞构建，例如，You（2013）考察了一个网上社区的一组日本人在分享各自的英语学习经历时所进行的修辞人格构建实践，Temples & Nelson（2013）研究了讲西班牙语和讲英语的学生如何在一门网上跨文化交际课程上进行互动沟通。他们认为网上交流已成为一种新兴的语体，值得引起跨文化修辞研究者的关注。

这种新兴的语体使传统对比修辞学中的"文化"概念又一次被颠覆，在互联网上所形成的不同"文化圈"有其内部的规约、价值信念和实践规范，在线下找不到与其类似的模式，甚至有些规约在真实生活中也是不可能实施的。互联网所搭建的交流平台使地球村的网民们在一个特定的社区内交流互动，并互相适应构建一种密切的连接关系。许多研究者（如 Jones & Hafner，2012）认为互联网的确为这种新型文化和跨文化间的流动提供了前所未有的机会，并且为国际连通区域和区域影响国际带来了无限的潜能，从而打破了许多地理上的和其他方面的传统交流障碍。

总之，新媒介的出现不仅使传统对比修辞学中的"文化"概念又一次被刷新，而且更加彻底地改变了传统的"写作"观念和模式，"受众/读者"的概念也变得更加动态多元和复杂化。新媒体所带来的新的交流方式促使跨文化修辞研究不仅要更新观念，还要拓展其研究疆域，将研究对象由真实世界的交流延伸到网上虚拟空间，探索各种网上社区的互动与意义生成也已成为跨文化修辞研究的一个重要组成部分。

三 历时研究视角：与社会、历史与政治语境研究的结合

传统对比修辞研究只考虑宏观意义上的文化和语言，以及由母语文化所产生的对第二语言写作的影响，所得出的结论虽然具有一定的

概括性，但未免有些以偏概全之嫌。写作，尤其是二语写作，是一个非常复杂的过程，正如前文所述，文化本身是一个多层面多维度的复杂概念，社会、历史与政治语境的变化都会对修辞产生重要的影响。因此，同一个民族的修辞模式也不是仅有一种凝固不变的模式。Belcher（2014）以近些年的几项非西方修辞研究说明了这个观点。

她首先以 Kirkpatrick & Xu（2012）的研究为例。他们对几个世纪以来中国的修辞与写作进行考察，发现中国修辞的复杂性和动态变化性，他们认为和其他任何文化一样，其写作方式也是不断变化的。那种认为中国学生的英语写作总是带有无法消除的纯中国式的修辞障碍的观念是错误的。造成变化的一个很重要的原因就是社会政治语境的变化。简单的文化决定论是有偏颇的，这就打破了传统对比修辞研究的主张。除考虑写作者的二语语言能力及写作能力之外，还应多维度综合分析影响二语写作者书面表达的各种社会文化及政治因素。在分析二语作者的写作成果时，既要进行语言层面的研究，又要分析二语写作者所处的历史时代、政治背景、社会因素等，对文化构建的意识形态维度予以关注。Kirkpatrick & Xu（2012）的研究发现中国写作并不都是采取间接的模式，也并不都是使用归纳的组织方式。随着社会政治语境的变化，特别是同西方接触与交流的日益频繁，直接的修辞模式以及演绎的组织方式也越来越多地出现于母语与二语写作中。

Belcher（2014）还以 You（2010）的研究为例。You 对中国的英语写作实践与教学的研究也证明了 Kirkpatrick & Xu 的研究结论。他认为写作教师应关注学生在英语写作时所面临的文化、写作与修辞传统的多样性，挑战对比修辞研究的殖民心态，英语写作教学不应完全被教授西方修辞传统所霸占。跨文化修辞实践以及英语目前作为一种国际中介语的现实促使我们对文化更多地持一种批评语言学的视角，因为文化总是在一定的社会语境中生成的，而且总是处于动态变化之中。他对中国近两百年以来英语写作教学进行了考察，发现写作实践和教学模式总是免不了受到当时所处历史时期的社会政治语境的影响，如苏联的马克思主义、1949 年之后的毛泽东思想等都曾在特定的历史阶段主导过中国的修辞模式。

写作从来都不是在真空中产生的，它总是发生于一个政治和社会文化语境之中，这几乎已经成为当下跨文化修辞研究者们的共识。这也是与目前语言学、修辞学、文化学等学科的发展趋势密不可分的。随着认知语言学、批评话语分析、批评修辞学等研究范式的进一步发展，跨文化修辞学必定会更加注重对比研究过程中对认知、社会、意识形态、政治等因素的考虑。

四 语料库语言学研究视角：语料库语言分析方法的使用

以 Kaplan 为代表的传统对比修辞研究曾被诟病的一个方面就是实证语料的不足和分析方法的欠缺。当今的跨文化修辞学在研究方法上采取更加科学实证的方法，以使研究结论更加令人信服。跨文化修辞学将语篇看作"具体语境中的语篇"，视文化为"小文化与大文化之间的复杂互动，并在互动中协商和互相适应"（Connor，2011：90），这种基于实践和互动运用的语篇观和文化观特别适用于语料库语言分析方法的使用。Connor（2011）认为，语料库语言学考察书面和口头话语中真实的语言运用，这为跨文化修辞学提供了一个非常有用的研究方法。语料库语言学在跨文化修辞学中大有用武之地，包括各种不同的语料库的种类、语料库的设计制作、语料分析中的自下而上和自上而下的研究方法都可以适用于跨文化修辞研究的各领域中。

随着语料库语言学的迅猛发展，正像语言学其他研究领域一样，跨文化修辞研究者已经意识到语料库语言分析方法的重要性，并且已开始应用于具体研究中。在 Belcher & Nelson（2013）主编的文集《跨文化修辞学的批评和语料库研究路径》（*Critical and Corpus-based Approaches to Intercultural Rhetoric*）中，Connor 正式提出了运用语料库语言学的研究方法进行跨文化修辞研究，并且讨论了她自己运用对应语料库分析西班牙和美国卫生话语的研究。除此之外，在该文集中，专门有一个部分用于展示基于语料库的跨文化修辞研究，例如，Cortes & Hardy（2013）、Friginal（2013）、Gentil（2013）等人的研究都是运用语料库和语料库工具所进行的跨文化修辞研究。

运用语料库的分析方法并不是要完全抛弃以往的研究方法，跨文化修辞研究常用的一些定性研究方法，比如民族志方法，可与语料库分析相结合,用于进行话语和社会层面的分析,取得定量研究与定性研究的平衡,使语料库分析方法与多种其他方法包括文本分析、体裁分析和批评话语分析方法的结合使用是目前跨文化修辞研究方法的主要模式。

第四节　反思与启示

纵观已有跨文化修辞学视域下二语写作的理论和实践研究,该领域正逐步走向成熟。对目前相关研究进行反思,有利于为未来跨文化修辞学研究提供启示。

第一,在理论建构与二语课堂写作教学实践的关联方面,虽然跨文化修辞学及其之后的理论观点和流派精彩纷呈,但是不是所有的研究视角都能给予二语写作教师的写作课堂实践应有的指导呢?毕竟,跨文化修辞学的渊源——对比修辞学的创立初衷即是为二语写作教学提供研究支撑并用以改善二语写作教学的效果,使母语为非英语的二语学生能够写出更令人满意的作文。似乎这一初衷在有些理论流派中并没有得到强调,取而代之的是对术语的把玩和对二语写作的日益复杂环境的描述,至于在多元环境下的二语写作教学该如何进行,则缺乏真正意义上的讨论和研究。我们认为,理论必须结合实际,特别是对于二语写作这样一门实践性很强的学科领域来说,加强实践方面的思考和引导将有助于跨文化修辞学研究意义的提升。

第二,后现代视角的跨文化修辞研究符合后现代背景下学术研究的口味,但由此产生的后现代视角的二语写作理念是否有助于提高学生的二语写作效果呢?后现代主义的跨文化修辞学研究视角强调去中心性和模糊与不确定性,比如文化身份的模糊等,因此,传统对比修辞研究中的文化与修辞模式的关联遭遇解构,但这是否会影响二语写作教学的目标值得商榷。无论理论视角如何变化,有助于提高学生的二语写作效果才是根本。拥有多元文化居住经历和身份的人毕竟不是多数,大多数的二语写作者还是有一个主导的文化身份的。因此,一味地抛弃文化与修辞模式的联系不利于二语学生全面地认识母语与所学目标语的文化与语言差异，这自然会影响二语写作的效果，妨碍文化之间的交流和沟通。我们认为，应全面地看待跨文化修辞研究的后现代视角，根据具体教学情况，批判性地接受其理论观点和实践启示。

第三，对二语写作文本的研究一直是传统对比修辞学和跨文化修辞学关注的重点，随着各种新的研究流派的出现，如何看待和评判二语写作文本就成为一个值得研究的问题。到底应该遵循什么标准？或者，是否应该有一个参照的标准？Kaplan 的对比修辞研究常被诟病为"文化帝国主义"，有些研究者（如 Baker, 2013; Canagarajah, 2006; Fraiberg & You, 2012; Horner, 2011; Matsuda, 1997）认为过分关注二语写作者所产出的文本是否符合二语语言和文化标准是不应该的，所以，他们倡导二语写作教学实践和研究应努力促进的不应是学生作者被目标语文化所同化或者被动适应一种新的文化，而是他们给目标语语言和文化所带来的新的变化。这固然有道理，但我们认为不可一概而论。首先，要看写作者的文化身份复杂与否，对于拥有多元文化背景身份的写作者，这一说法更适合，而对于文化身份单一且处于初学二语阶段的写作者来说，这不太现实；其次，要看诸种文体要素，比如交际场合、交际媒介、交际双方等因素，这决定了文本的不同风格和多元化形式的可接受度；最后，还要看语言的语法、词汇和语篇的不同层次，我们认为，在词汇层面可以往目标语中引入一些母语文化所特有的词汇和表达式，这最可行，但语法作为一门语言的法典不宜变更，同样，语篇模式也是典型地反映了民族文化的思维模式，如果不遵从目标语的文化规约，则势必会影响交际效果。所以，无论是英语作为二语写作还是其他语言，比如汉语作为二语写作，都应尽可能尊重和适应目标语的语言和文化习惯。要用某一门语言进行交流，需要进行调适，以目标语受众所能接受的修辞习惯进行书写，才能收到应有的修辞效果。

第五节 小结

本章梳理了跨文化修辞学视域下二语写作研究的主要理论模式，评析了其当前的研究视角，并就一些涉及的理论与实践问题进行了反思。从这几个方面的分析可以看出，跨文化修辞学研究早已超越了传统的简单二分模式和单纯的语言分析框架，已发展成为一个"视域宽广的跨学科研究领域"（Atkinson & Matsuda, 2013: 230）。笔者认为，观念的更新和领域的开拓等都为其可持续发展提供了必要的条件，一些新的发展方向和更具有量化严谨性的语料库语言分析方法的使用也为其增添了更多的学科优势，虽然还有一些问题值得反思，但我们有理由相信跨文化修辞学视域下的二语写作研究大有可为。

第二部分

二语学术写作修辞研究

第二章　二语学术论文摘要写作的修辞劝说机制[①]

第一节　引言

近年来，学术论文不仅是学术观点的载体，还是学者推销自我学术成果平台的观点已成为学术语篇研究的基本假设，学术论文体裁的劝说性越来越值得关注。摘要是学术论文的重要组成部分，在学术语篇研究中正日益得到关注。

国内外学者主要从宏观和微观两个方面对论文摘要展开了研究。宏观方面，由于摘要具有体裁上的独特性，因而从体裁分析理论出发，分析摘要的语步结构是其宏观特征研究的主要特点，例如 Bhatia（1993）、Graetz（1985）、Hyland（2004）、Santos（1996）、Swales（1990）、Tankó（2017）、Tseng（2011）等研究。论文摘要的微观研究主要分析文本中的某些语言特征，比如对人称代词、时态、语态、情态动词、模糊词语和词块的分析，如 Pho（2008）、Salager-Meyer（1992）、Tarone et al.（1998）、胡新（2015）、陆元雯（2009）、吕颖（2017）、吴宪忠和朱锋颖（2012）等研究。此外，论文摘要的跨语言、跨学科对比分析也是研究的重要组成部分，如 Martin（2003）、Samraj（2005）、Van Bonn & Swales（2007）、陈小慰和汪玲玲（2017）、葛冬梅和杨瑞英（2005）、鞠玉梅（2004）、滕延江（2008）、俞碧芳

[①] 本章在鞠玉梅（2020b）的基础上修改完成。

(2016)等研究。另外，随着学术全球化的日益推进，国际学术交流愈加频繁，学者在国际权威期刊用英语发表论文的愿望越来越强烈，发表论文的竞争也日趋激烈。因此，近年来有关论文摘要的研究越来越关注非母语作者的英语二语论文写作，研究特定母语作者的写作风格和所遇到的困难和问题等，如 Lau（2004）、曹雁和肖忠华（2015）、冯恩玉和吴蕾（2016）、刘海萍和徐玉臣（2015）、肖忠华和曹雁（2014）等研究。

笔者认为，对英语作为二语写作的论文摘要研究还有待进一步深入开展，特别是对母语为汉语作者的英语摘要进行研究还有作为的空间。而且，这一方面的过往研究大多是从体裁分析和语篇文体特征分析的角度展开，很少从其他视角切入进行研究。本章拟从西方古典修辞学视角出发，分析英语母语作者和汉语母语作者发表的国际期刊英语论文摘要的修辞劝说机制。我们认为，论文摘要由于同时承担着介绍研究和吸引读者等多重功能而成为劝说资源分布密集的语篇类型，有其特有的修辞劝说机制。

本章选取语言学与应用语言学领域国际权威期刊中国学者和英语母语学者的论文摘要为语料，运用古典修辞学理论，将语步结构和元话语作为重要的劝说资源进行考察，对比分析它们在两组语料中分布的异同，以及由此所构建的修辞劝说机制方面的相同和不同之处及其可能原因，以进一步丰富现有的论文摘要研究文献，并为中国学者论文的国际发表提供一定的参考。

第二节 分析框架

从某种意义上说，修辞即劝说。古典修辞学的观念和理论在研究当代无论是口头还是书面交际中仍然能够发挥重要的作用，因为我们在交际中仍然奉行 Aristotle 的劝说原理。Aristotle 将修辞看作"一种能在任何事件上找到可用的说服方式的能力"（1991：74），这一著名的定义仍然适用于分析当今的修辞实践。Aristotle 认为，劝说应该根据交际的三大因素即发话者、听众和论辩内容来调整。形成论辩，发话者必须考虑三点，即劝说的手段、语言的选择和论辩的组织，以此达成与受话者的"同一"。这三点也可以看作学术论文语篇实施劝说与建立同一的核心要素。居于论文起始重要位置的论文摘要，由于其体裁和交际目的的特殊性，更承担着吸引与劝说读者的使命。Aristotle将劝说手段分为三类，即人格诉诸——涉及讲话者的个人品格、威望和能力等以及在话语互动交往过程中所形成的一种动态人格、情感诉诸——涉及对受众情感的激起与影响和理性诉诸——涉及对语篇结构安排的考虑。这三种劝说手段需要通过语言内外的资源得以实施。

语言选择和论辩组织是实现劝说手段的最重要方式。语言选择即充分挖掘多种语言资源，元话语作为一种与交际目的密切相关的语言资源，在学术语篇的建构过程中发挥着必不可少的重要作用，得到了学者的广泛关注。论辩组织关涉语篇的结构安排，即论辩是如何按照一定的步骤实施的，在学术语篇研究中，语步结构分析考虑的即是论辩的组织步骤。因此，我们认为对摘要的元话语使用和语步结构进行分析，可显现作者的劝说手段，发现摘要的修辞劝说机制。

元话语主要用于组织话语，显现发话者的意图，表达发话者对话语的观点，加强受话者对话语的参与，在交际过程中起着调控话语主体信息的作用。它与发话者的交际动机密切相关，可以体现发话者"在篇章中所表现出来的运用语言和修辞的方法"（Hyland & Tse，2004：157），具有很强的劝说性。我们认为，元话语作为一种语言选择，有助于实现语篇的三大劝说方式，即理性诉诸、人品诉诸和情感诉诸，可通过以下三个方面来实现其修辞功能："当元话语连接论辩的成分时，就实现了理性诉诸；当元话语指涉作者的权威和能力时，就实现了人品诉诸；当元话语标示对读者观点的尊重并显现信息和受众相关时，就实现了情感诉诸。"（鞠玉梅，2013：23）学术语篇也同样需要运用语言来确认、建构和谈判社会关系，元话语的恰当运用可帮助作者实现其修辞建构，形成语篇的修辞劝说机制。对于元话语的分类，许多学者都曾尝试提出自己的分类框架，其中，Hyland

（2005a）的分类框架较为普遍使用，它将元话语根据其功能分为文本交互型（interactive metadiscourse）和人际互动型（interactional metadiscourse）两大类，文本交互型之下包括过渡标记（transitions）、框架标记（frame markers）、内指标记（endophoric markers）、证源标记（evidentials）、解释标记（code glosses）五个小类，人际互动型之下包括模糊限制语（hedges）、强调词语（boosters）、态度标记（attitude markers）、自我提及（self mentions）、参与标记（engagement markers）五个小类。我们采用此分类模式作为描述与阐释论文摘要元话语使用的依据框架。

体裁分析理论所提出的语步模式既是一种论辩的组织方式，涉及论辩的结构安排，也是一种实现语篇劝说手段的策略，是形成语篇修辞劝说机制的重要组成部分。语步安排尤其与实现语篇理性诉诸劝说手段相关，因为理性诉诸是通过逻辑论证来对受众的理性进行诉诸，涉及语篇本身，主要指语篇的结构安排、长度、复杂度、论证与论辩的类型等。对于论文摘要语步的划分标准虽无统一的定论，但许多学者都曾尝试探讨过，如 Bhatia（1993）、Hyland（2004）、Santos（1996）、Swales（1990）等，有的为四语步结构模式，包括引言、方法、结果—讨论四步，有的为五语步模式，包括背景、目的、方法、结果、结论、讨论五步。背景语步旨在确立当前研究的地位，通过概括研究背景，进而突出当前研究的动机；目的语步旨在介绍当前研究目的，提出研究问题；方法语步旨在介绍研究设计、步骤以及所使用的研究工具等；结果语步旨在交代研究发现以及对研究问题的回答；结论—讨论语步旨在进一步阐释与讨论研究结果，并与相关和先前研究进行比较，以加深读者对研究结果的认识。目前看来，五语步模式得到了学界较为普遍的认同，故我们采用五语步模式作为描述和阐释论文摘要语步结构的依据框架。

综上所述，本章依据 Aristotle 的修辞劝说理论，分析作为语言选择的元话语资源和作为论辩组织的语步结构以及它们所形成的劝说手段即人格、情感和理性诉诸，以此考察试图作用于受众的论文摘要语篇修辞劝说机制的构建过程和特点。具体分析框架如图 2.1 所示。

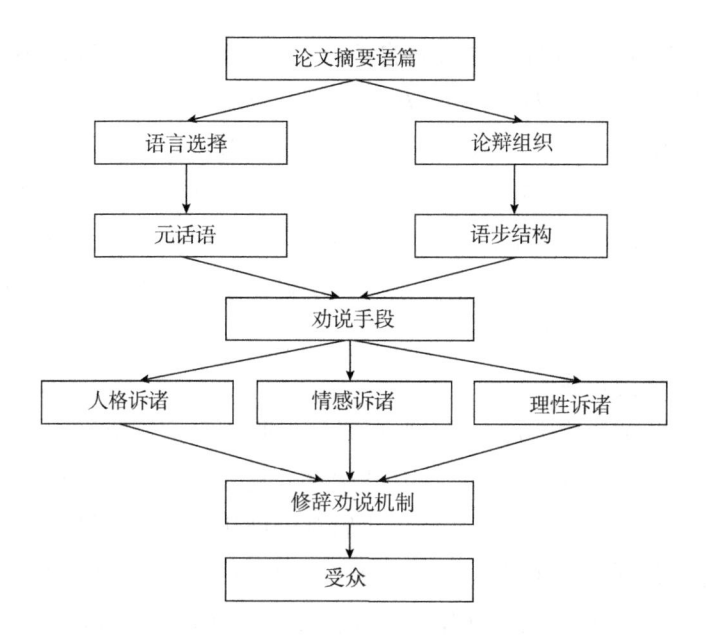

图 2.1 论文摘要语篇修辞劝说机制分析框架

第三节 研究设计

一 语料收集

我们建立了两个英语论文摘要语料库,即英语母语学者在国际期刊发表的研究性论文摘要语料库,简称英语母语学者语料库(Native Speakers Corpus,NSC),以及中国大陆学者在英语国际期刊发表的研究性论文摘要语料库,简称中国学者语料库(Chinese Speakers Corpus,CSC)。NSC 语料库语料来自 *Applied Linguistics*、*Critical Discourse Studies*、*Discourse Studies*、*English for Specific Purposes*、*Journal of Pragmatics*、*Journal of Second Language Writing*、*TESOL Quarterly* 七种国际 SSCI 语言学与应用语言学学科期刊,发表时间在 2005—2015 年,从中随机选取 30 篇论文摘要建成小型语料库,总量为 4592 个词,论文作者均为母语为英语的学者,并通过多种途径对其本族语身份背景进行了核实。CSC 语料库语料来自 *Discourse and Society*、*Discourse Studies*、*ELT Journal*、*Journal of Pragmatics*、*Journal of Second Language Writing*、*Language & Communication*、*Modern Language Quarterly* 七种国际 SSCI 语言学与应用语言学学科期刊，发表时间在 2005—2015 年，从中选取 30 篇论文摘要建成小型语料库，总量为 5197 个词，作者均为在中国大陆高校和科研机构从事教学科研工作的学者。以上两个语料库所选的论文都只有一个作者。

二 研究步骤

研究分两阶段进行。第一阶段是语料收集和描写阶段。根据上述方法收集语料并建立语料库后，开始对语料进行语步切分和元话语检索和统计。首先进行语步切分，我们对所创建的两个语料库按五语步模式进行语步分析和人工标注。五个语步分别为：背景（B）、目的（P）、方法（M）、结果（R）、结论—讨论（CD）。随后进行元话语标注，依照 Hyland（2005a）对元话语的定义和分类，对两个语料库中的元话语进行人工标注。元话语分别为过渡标记（TRA）、框架标记（FRA）、内指标记（END）、证源标记（EVI）、解释标记（COD）、模糊限制语（HED）、强调词语（BOO）、态度标记（ATT）、自我提及（SEL）、参与标记（ENG）十个小类。语料标注完成后，使用 AntConc 3.4.4 软件，对两个语料库中的语步数量和元话语数量及其频数进行统计，然后，报告统计结果，发现两个语料库中语步与元话语分布规律与使用模式，并使用卡方检验（X^2）分析两个语料库间语步与元话语使用是否具有显著差异。第二阶段是讨论语步与元话语使用在学术论文摘要修辞劝说机制形成过程中所发挥的作用，并探讨其在两个不同群体作者的论文摘要中构建修辞机制的异同。

三 研究问题

具体回答以下三个问题：

（1）英语母语学者、中国学者在论文摘要语步结构安排上有什么特点？两者有何异同？

（2）两个作者群体在元话语资源使用上有什么特点？两者有何异同？

（3）两个作者群体所使用的语步结构和元话语资源实现了何种劝说手段？形成了怎样的修辞机制？两者有何异同？

第四节 结果与讨论

根据前文所述，劝说手段、语言选择和论辩组织是形成论辩的重要三因素。通过分析，我们发现作者是从语言选择和论辩组织来实现相应的劝说手段的，其中，本研究所观察的元话语资源和语步结构即是从语言和组织两方面实现作者对读者的劝说和对论文的推销。

一 中外英语学术论文摘要语步分布情况

分析语步出现的顺序可以揭示语篇的结构模式和特点。通过对语料的观察和分析，我们发现各个语步在两个语料库中的分布状况以及显著性差异状况，见表2.1。

表2.1　　中外英语学术论文摘要中五语步的整体分布状况

语步	类别	频数		比例（%）	
		NSC	CSC	NSC	CSC
B		21	13	70	43
P		30	30	100	100
M		18	12	60	40
R		26	26	87	87
CD		6	12	20	40

从表2.1可以看出，英语母语学者和中国学者论文摘要语步的分布规律呈现较强的共性，主要表现在以下三个方面：第一，五个语步的出现频率都不是很均匀。第二，出现频率最高的两个语步都是研究目的和研究结果，其中，研究目的语步的分布频率均达到100%，即每一篇论文摘要都包含目的语步，研究结果语步的分布频率也均达到了87%，两组语料中都只有四篇论文摘要缺乏结果语步。这说明英语

母语学者和中国学者都重视在论文中交代研究目的和结果，这两个方面被看作论文摘要必不可少的元素。第三，相较于研究目的和研究结果两个语步，另外三个语步的使用频率不够高。结论—讨论语步使用频率最低，中国学者使用比例为40%，英语母语学者仅占20%，但两者不存在显著差异（p>0.05）；随后是研究方法语步使用频率也较低，英语母语学者占60%，中国学者占40%，但两者也不存在显著差异（p>0.05），最后是研究背景语步使用频率略高于研究方法语步，英语母语学者使用比例为70%，中国学者为43%，两者也不存在显著差异（p>0.05），但相较于结论—讨论和方法两个语步，在背景语步上，两组语料的使用差异接临界显著（p=0.06），说明英语母语学者比中国学者更加注重背景语步的使用，在交代研究目的之前，描述研究背景，从而将自己的研究置于学术背景之中。

二　中外英语学术论文摘要元话语分布情况

根据Hyland（2005a）的元话语分类框架，我们对两组语料中的元话语进行分类统计，其结果如表2.2所示。

表2.2　　　　中外英语学术论文摘要中元话语分类统计

类别 元话语	NSC 出现次数	NSC 占元话语比例（%）	CSC 出现次数	CSC 占元话语比例（%）
文本交互型	89	72.4	116	73.9
人际互动型	34	27.6	41	26.1
过渡标记	76	61.9	76	48.4
框架标记	3	2.4	6	3.8
内指标记	0	0	0	0
证源标记	7	5.7	21	13.4
解释标记	3	2.4	13	8.3
模糊限制语	15	12.2	25	15.9
强调词语	2	1.6	2	1.3
态度标记	3	2.4	5	3.2
自我提及	14	11.4	9	5.7
参与标记	0	0	0	0

从表 2.2 可以看出，英语母语学者和中国学者在元话语的使用上，也同样显示出较强的共性，主要表现在以下三个方面：第一，从两大类元话语使用来看，英语母语学者和中国学者均更多使用文本交互型元话语，英语母语学者的使用比例为 72.4%，中国学者的使用比例为 73.9%，比例非常接近，不存在显著差异（p>0.05）；英语母语学者和中国学者人际互动型元话语的使用比例分别为 27.6% 和 26.1%，不存在显著差异（p>0.05）。可见，英语母语学者和中国学者都较多使用文本交互型元话语构建论文摘要语篇内在结构的连贯性。第二，在文本交互型元话语的五个小类别中，两组学者均使用过渡标记语比例最高，英语母语学者的使用比例达到 61.9%，中国学者的使用比例为 48.4%，且两者不存在显著差异（p>0.05）；在框架标记语的使用方面，两组学者使用的比例都很小，均不足 5%，且不存在显著差异（p>0.05）；两组学者都没有使用内指标记语。可见，实现论文摘要语篇连贯主要依靠过渡标记语的使用。第三，在人际互动型元话语的五个小类别中，两组学者使用模糊限制语比例均最高，英语母语学者的使用比例为 12.2%，中国学者的使用比例为 15.9%，且两者不存在显著差异（p>0.05）；随后在两组语料中排在第二、三、四位的均为自我提及标记语、态度标记语和强调词语，且均无显著差异（p>0.05）；此外，两组语料中均未出现对参与标记语的使用情况。可见，英语母语学者和中国学者均主要依靠模糊限制语来构建论文摘要语篇的人际互动性。

通过对两组语料的观察和统计，我们还发现两者在元话语资源使用方面也呈现出一定的差异性，主要表现在文本交互型大类之下的证源标记语和解释标记语两个小类别上。虽然，与同大类中的框架标记语相比，两组语料在这两小类标记语的使用上都不够十分频繁，但有一点需要指出的是，中国学者在这两小类标记语的使用上均超过英语母语学者的使用比例。中国学者使用证源标记语的比例为 13.4%，英语母语学者的比例为 5.7%，两者存在显著差异（p=0.03<0.05）；在解释标记语的使用上，中国学者的使用比例为 8.3%，英语母语学者的使用比例为 2.4%，两者存在显著差异（p=0.04<0.05）。可见，

相较于英语母语学者，中国学者较注重通过援引其他学者来支持自己的论辩，并且较重视解释，以确保读者能够明白自己的意图。

三 中外英语学术论文摘要修辞劝说机制分析

通过对语料的分析，我们发现论文摘要作者主要通过宏观语步结构安排和元话语作为论辩组织方式和语言选择，以形成劝说手段，表现为理性诉诸、人格诉诸和情感诉诸三种具体劝说模式，从而实现推销研究成果与吸引读者的修辞动机。

1. 修辞劝说之理性诉诸

理性诉诸源于古希腊的"理性"（logos）概念，即运用理性来进行劝说。作者/发话者如何开启问题或观点、支持论据和说明结论，对于劝说读者接受论辩非常关键，同时如何建立命题间的逻辑关联也同样重要。一般来说，学术论文属于理性程度较高的一类文体，论文摘要担负着说服读者并吸引读者的重任，因此，在三种劝说模式中，理性诉求是最为广泛应用的诉诸手段，贯穿于摘要的宏观语步结构和微观命题连接之中。

论文摘要本身是一个严密的逻辑推理过程，其语步结构所呈现的即是作者的推理过程，体现了作者的思路和思维的严谨性。我们根据五语步模式对两组语料的语步进行了切分，研究发现英语母语学者和中国学者之间存在较强的一致性，五语步并非在所有的论文摘要中都出现，出现比例较高的语步是研究目的和研究发现两语步，所有的论文摘要都出现了研究目的语步，绝大多数摘要出现了研究结果语步。这说明无论是英语母语学者还是中国学者都趋向于使用更为简洁明了的语步结构，突出研究目的和结果，使读者能够迅速捕捉到研究问题和解决问题的结果，实际上构建了一种更加清晰的"问题—解决"式逻辑结构，也更符合论文摘要追求简短明快风格的需求。

元话语作为重要的语言选择可帮助论文摘要作者实现命题之间的逻辑关联，有助于加强语篇的逻辑性。通过研究，我们发现英语母语学者和中国学者在这一方面也表现了较强的共性，两者均是主要通过文本交互型元话语来实现谋篇布局。论文摘要的主要功能是传递信息，文本交互型元话语主要服务于命题的组织和阐释，是一种"组织篇章的方式"（Hyland，2005a：49），这也是文本交互型元话语远高于人际互动型元话语使用比例的原因。文本交互型元话语中的过渡标记是英语学者和中国学者都使用比例最高的一类标记语，过渡标记是最常用的连接语篇命题的手段，它可指明前后话语的逻辑关系，把零散的信息组织成相互关联的篇章，主要通过连接词、副词和介词短语来实现语篇的衔接，保证论证的清晰，帮助作者组织语篇的逻辑结构，同时，它也如同指示器，帮助读者发现语篇的逻辑性。例如，以下是来自两组语料中的例子：

（1）However, what of dual or multi-host scenarios, where a number of hosts are co-participants when interacting with callers? (NSC)

（2）Voices and positions which favor the Chinese government are thus backgrounded. (CSC)

综上所述，研究目的—研究结果语步结构以及过渡标记语是中外学者论文摘要谋篇布局以及实现逻辑推进的主要手段，以简洁的、严密的、富于逻辑的谋篇和推理实现了理性诉诸，旨在打动和说服读者，吸引读者接受其研究观点和成果，并产生阅读全文的欲求。在这一点上，英语母语学者和中国学者构建了相同的修辞机制，实现了修辞劝说目的。

2. 修辞劝说之人格诉诸

人格诉诸的关键是塑造作者/发话者令人信服的形象，这一劝说手段来自人们之间交往的一个基本常识，即如果我们要劝服某人，只有当我们说的话使别人相信我们是值得信赖的人时，我们才可能说服对方。人格可以是作者已有的权威与好的声誉，还可以通过语篇构建一种修辞人格形象。实际上，在言语交往中，通过语言所构建的语篇修辞人格形象成为劝说的主要途径。论文摘要作者需要按照学术社团通用的体裁范式和公认的价值取向构建自身良好的修辞人格形象，使之成为实施劝说的手段之一。

通过对语料的研究发现，英语母语学者和中国学者在人格诉诸方面的共性主要体现在对人际互动型元话语中的模糊限制语的使用上，其所占比例均为这一大类中最高的一小类，并且两者无显著性差异。

根据 Aristotle（1991），人格诉诸的关键是塑造受众信得过的形象。它可以是作者已有的权威与好的声誉，但更重要的是它还"必须通过话语过程本身予以重建"（Hauser，1991：93）。论文摘要作者需要按照学术圈的体裁范式和价值取向构建良好的修辞人格。通常情况下，新观点从提出到被接受，要经过作者和读者之间一个复杂的心理互动过程。人们常以一种批判的态度审视与判断新观点的正确性、合理性和可接受性，并且"作者所主张的新观点在上升为学科观点的过程中可能会威胁到学科社团其他成员的面子"（Myers，1989：1），因此，作者需要特别谨慎。模糊限制语可用于缓和语气，体现探求的态度，避免做出过于绝对化的判断，使话语留有余地，加大作者与其观点之间的责任距离，塑造谦虚谨慎的自身形象，从而更易得到读者的尊重。论文摘要因处于重要的起始位置，作者更希望以一种谨慎的学者形象开启论辩，通过模糊限制语开放协商空间，避免武断和情感化。这不仅体现了作者的谨慎，还构建了作者理性的学术形象，符合论文文体的常规要求。读者更易于接受一个谦虚谨慎的、充满学术理性的作者的劝说，可提高论文摘要语篇的可信度，提高读者的阅读兴趣。请看下面出自两组语料的例子：

（3）These factors include the short duration of the study (one semester) as well as perhaps the absence of feedback. (NSC)

（4）Of all the available attempts at applying the theory in this direction, the most discussed issue is perhaps politeness. (CSC)

值得指出的是，虽然中外学者在模糊限制语的使用频次上无显著性差异，但中国学者的使用百分比还略高一点，这有些出乎笔者的预料，以往的有些研究结论（如 Li & Wharton，2012；秦永丽，2010）显示母语为汉语的英语二语写作者在模糊限制语的使用上较之母语为英语的写作者要少得多，以致写作语气过于武断和强硬。本研究却与此研究结论不一致，但也有研究得出了与本研究相同的结果，如徐江等（2014）。笔者认为其原因可能是中国学者在国际期刊英语论文发表方面正走向成熟，语言水平大幅提高，这也是近年来我国倡导学术国际化所致。

通过对语料的分析,我们还发现英语母语学者和中国学者在人格诉诸方面的差异性主要体现在对文本互动型元话语中的证源标记语和解释标记语的使用上,中国学者在这两个方面都比英语母语学者用得更多,这也是两组语料在显著性差异方面的主要表现。证源标记语实现文本与其他语篇的互动,在论文语篇中主要用于介绍与作者此次研究相关的其他成果,引导读者建立文本与其他语篇之间的互文性,帮助作者将自己的研究建立在其他研究的基础上,并确立自己的论辩。这有助于构建一种熟悉研究领域相关文献符合学术传统要求的作者形象,从而使自己的观点具有更强的可信性和劝说力。这说明中国学者更倾向于通过证源标记语显示自己对所研究领域的熟悉程度,提高研究的可信度,借以提升修辞人格形象,加强人格诉诸的劝说力。下面是来自中国学者语料中的例子:

(5) That is, instead of overwhelmingly rejecting compliments as reported in Chen (1993), Xi'an Chinese are now found to overwhelmingly accept compliments. (CSC)

解释标记语体现为就命题的理解上作者与读者的互动,在命题的陈述过程中,作者可运用解释标记语扩展对命题的陈述、重述命题或者进一步强调命题中的重要部分,目的是促进读者理解自己所陈述的命题。这有助于构建一个体贴的、耐心的和负责任的作者人格形象。这说明中国学者更重视通过解释标记语使自己的命题陈述易于被读者所理解,提高论文摘要语篇的可读性和可理解性,从而使自身的作者形象更为读者所接受,提高人格诉诸的劝说力。请看下面来自中国学者语料中的例子:

(6) The prominence of questions as a powerful means centers on three factors, that is, notably unequal distribution of questions controlling both local and global topics, and Yes/No questions and Wh-questions exercising power in different degrees. (CSC)

笔者认为,之所以中国学者论文摘要语料总词数比英语母语学者略多,正是因为中国学者在以上两类标记语的使用上超过了英语母语学者。这也可以看作中国学者为融入国际学术圈所做的努力,树立了勤勉负责的研究者形象。

另外值得指出的是，在语步结构中，英语母语学者较中国学者更多使用了背景语步，虽然两组语料不存在显著性差异，但接近临界差异。这一研究发现呼应了以往有关中外科技论文英语摘要语步的分析，如胡新（2015）、刘永厚和张颖（2016）、肖中华和曹雁（2014）等研究也发现中国作者的论文摘要中背景语步的出现频率不及英语母语学者。该语步的作用主要是将作者的研究置于当前研究领域的学术背景之中，在提出研究问题之前交代研究背景，可突出作者研究的必要性，这有助于构建熟悉自己研究领域当前状况的成熟学者形象，有利于突出自己研究对以往研究的继承与创新，这符合学术传统的规范要求，因而更易于被读者所接受，从而提高人格诉诸的劝说力。在这一点上，英语母语学者通过背景语步与中国学者通过证源标记语所构建的良好人格形象有些许异曲同工之处。

综上所述，在修辞人格诉诸方面，中外学者表现出了一定的共性和差异性。两者都通过模糊限制语的使用，塑造了谦虚谨慎与充满理性的学者形象，在这一点上有很强的相似性。不同的是，中国学者通过证源标记语和解释标记语的使用，构建了熟悉研究文献以及耐心细致的学者形象，英语母语学者则是在语步上安排了更多的背景语步，以展示自己对相关研究背景与研究动态的掌控程度，也同样构建了熟悉研究领域状况的审慎的学者形象。与理性诉诸相比，相对来说，英语母语学者和中国学者在人格诉诸方面形成了略微不同的修辞机制。

3. 修辞劝说之情感诉诸

根据 Aristotle（1991），论辩中除了显现理性和彰显有吸引力的修辞人格之外，作者还可通过调动读者的情感来达到说服目的。因为若将读者的感情朝着某个方向激发起来的话，读者就较容易被劝说。情感诉诸向来是很多语篇类型，特别是劝说性强的语篇类型如广告语篇的重要修辞机制，但在以理性与严谨为主导基调的论文摘要语篇中，情感诉诸比起理性和人格诉诸要逊色得多。通过对本研究两组语料的观察与分析，我们发现情感诉诸的作用微乎其微，且在这一点上两组语料表现出了很大的一致性。不过，根据表 2.2 的统计，人际互动型元话语中的自我提及和态度标记语是除了模糊限制语以外使用得略多的标记语类型。

自我提及即通过使用第一人称代词形成互动感较强的写作风格，作者在语篇中投射自身形象，与读者直接交流，分享自己的立场、观点和态度，邀请读者作为潜在的同行一同参与到科研目标的实现中，拉近作者与读者的距离，表现出与读者沟通交流的更主动的参与态度，形成良好的人际关系，激发读者情感上的共鸣，从而更容易接纳自己的观点。在自我提及标记语的使用上，虽然英语母语学者比中国学者略多一点，但两者无显著性差异，且使用得较多的都是第一人称单数代词 I。这一发现与以往有关中国学者英语学术写作中人称代词使用的研究发现（如胡新，2015；张曼，2008；张秀荣、李增顺，2011）有所不同。其原因一方面可能是所选语料的来源学科不同，另一方面随着学术国际化的要求，中国学者越来越接近于英语母语学者的写作模式。如下面的例（7）和例（8）所示：

（7）Taking a relevance-theoretic perspective, I argue that hostages contribute to relevance by adding a layer of activation to certain contextual assumptions and thus guiding the reader's inferential processes. (NSC)

（8）Approaching politeness in relevance-theoretic terms, I will argue that politeness is a matter of situated social cognition, involving interaction between assumptions derived from various sources in a dynamic context. (CSC)

态度标记语表明作者对所述论题的个人评价，涉及诸如惊讶、赞同、高兴、强调等情感态度。这是一种最直接地实施情感诉诸的方式，作者据此试图建立与读者在情感上的共鸣，以增强劝说力。但从语料上来看，相对于高频使用的话语标记语，如过渡标记和模糊限制语，态度标记语的使用是谨慎的，这与学术论文客观、严谨的语体要求有直接的关系，特别是论文摘要语篇由于其文字上力求精练的特点，更会限制态度标记语的使用。语料显示，无论是英语母语学者还是中国学者都在态度标记语的使用上比较审慎。下面是来自两组语料的例子：

(9) An important but unstudied event in US legal institutions is when judges question plaintiff and defense attorneys about the issue that brings them to an appeals hearing before a state supreme court. (NSC)

(10) Interestingly, assessment markers and defense markers are found with an equal frequency. (CSC)

综上所述，相较于理性诉诸和人格诉诸，情感诉诸在论文摘要语篇中的使用比重要小得多，而且英语母语学者和中国学者在这一点上表现出了较强的共性，笔者认为这主要是由于文体要求所致。不过，两组语料中所共有的少量的第一人称单数代词以及表达情感态度的形容词的使用也说明有些作者试图使行文具有一定的感情互动。

第五节　小结

本章分析了英语母语学者和中国学者论文摘要的修辞劝说机制，主要从 Aristotle 古典修辞学所述的劝说手段、语言选择和论辩安排角度展开，讨论了作为语言选择的元话语和作为论辩安排的语步结构所实施的理性、人格和情感诉诸功能，并就两组语料进行了对比研究。研究发现，两组学者在语步结构安排上呈现出较大的共性，使用得较多的语步都是目的和结果语步，在其他语步安排上，英语母语学者比中国学者使用背景语步略多；两组学者在元话语使用上呈现出较大的共性和一定的差异性，使用得较多的元话语大类别都是文本交互型元话语，使用得较多的元话语小类别都是过渡标记语和模糊限制语，不同的是，中国母语学者比英语母语学者使用了更多的证源标记语和解释标记语，英语母语学者比中国学者使用的自我提及标记语略多一点；两组学者的论文摘要所形成的修辞劝说机制也表现出较多的共性，理性诉诸和人格诉诸构成了主要劝说方式，情感诉诸使用不多。笔者认为，总体来看，就我们所考察的方面来说，英语母语学者和中国学者之间的共性大于差异性，其可能的原因，主要源自两个方面：一是论文摘要文体共性要求所致，二是中国学者的学术国际化愿望越来越迫切，因而其学术写作也自然追求与英语母语者更接近。

　　此研究存在一定的局限性，包括研究语料的规模不够大、语料收集与检索方式还可以进一步优化、分析阐释带有一定程度上的主观性等。因此，研究结论只是尝试性的，后续研究可在这些方面进行改进和深入。

第三章 二语学术论文写作中的词块

第一节 引言

词块作为一种特殊的词的组合形式在写作中具有重要的作用，写作的流利性经常取决于词块的使用。二语写作者能否熟练与恰当地使用词块经常标志着其二语写作能力的高下，因为好的写作不仅要求造句语法正确，还需要善于使用恰当的词汇。越来越多的研究者注意到写作中词汇的重要性，并且发现写作中词汇的出现并不是孤立的，而是以具有某种语篇功能的成词块的组合形式出现的（如 Biber et al.，1999；Cortes，2004；Hyland，2008a，2008b；Nattinger & DeCarrico，1992；Sinclair，1991，1996，2004；Wray，2002）。最能代表这一观点的 Sinclair 所提出的共选理论认为语言交际存在共选关系，卫乃兴（2012：1）对其解释为，"共选（co-selection）指语言交际过程中形式与形式、形式与意义的共选。共选理论认为，形式选择不是独立或单一进行的；词汇与词汇、词汇与语法结合而成的型式（pattern）与意义之间，都形成了可描述的共选关系"。由此而形成的词块是指语言中高频出现、形式和意义相对固定、大于单个词结构的整存整取的多词组合，包括搭配、习语和句子，可以作为语言储存和输出的理想单位。词块的使用已成为语言交际的重要特征，被广泛地应用在各种文体中，不同类型词块的使用往往标志着不同类型的文体。近些年国内外有关学术英语的研究发现之一即是词块作为学术英语文本的特征性标志，是建构研究者学术"内行人"身份的重要方式（如 Hyland，

2005b；王芙蓉、王宏俐，2015）。

　　学界对学术英语写作中词块的研究主要有理论与实证两个路径，且呈现出实证研究与日俱增的趋势。理论探究主要关涉对词块进行定义和识别（如 Biber et al.，1999；Cortes，2002；Hyland，2008a，2008b；Nattinger & DeCarrico，1992；Pawley & Syder，1983；Sinclair，1991；马广惠，2011；濮建忠，2003）、根据结构对词块进行分类（如 Biber et al.，1999；Nattinger & DeCarrico，1992）、根据功能对词块进行分类（如 Biber et al.，2004；Hyland，2008a，2008b）等，加深了我们对词块的认识与理解，也为词块的实证研究奠定了理论基础。实证研究主要基于语料库对学术语篇中的词块使用进行不同角度的研究，有的比较学术语篇与其他体裁语篇的词块使用差异（如 Biber，2009；Biber et al.，1999；Biber et al.，2004；Kim，2009），有的比较不同言语社区、不同学科学术语篇中词块使用的差异（如 Cortes，2002，2004，2008；Durrant，2009；Hyland，2008a，2008b；Simpson-Vlach & Ellis，2010），有的比较英语母语作者与英语二语或外语写作者学术语篇中词块的使用差异（如 Ädel & Erman，2012；Chen & Baker，2010；De Cock，1998；Pan et al.，2016；王敏、刘丁，2013），有的出于学术写作教学目的比较二语或外语学习者语言不同熟练阶段所产出的学术语篇词块使用差异（如 Huang，2015；Qin，2014；徐昉，2011，2012）。

　　现有实证研究仍然较缺乏对相同母语与文化背景不同学术写作熟练阶段的高水平二语写作者学术语篇词块使用情况的对比研究，尤其是对某一特定学科学术语篇的对比研究，揭示其在使用强度、结构形式和语篇功能上的异同，难以全面了解我国高级英语学习者和使用者的学术词块运用能力，进一步探究词块产出的问题及其原因。

　　本章基于有关词块的相关理论，对比我国外国语言学及应用语言学专业硕士研究生和相同学科但不同学术研究与写作水平的中国学者及英语母语学者学术写作中词块的使用情况，为深入了解我国不同学术写作熟练阶段的英语学术写作者词块使用现状提供新的证据，并对外语学术写作教学实践具有一定的启示意义。

第二节 研究设计

一 研究问题

具体回答以下三个研究问题：

（1）外国语言学及应用语言学专业硕士研究生和中国学者英语论文写作中的词块呈现何种分布特征？

（2）这些词块分别具有何种结构特征？

（3）这些词块分别具有何种功能特征？

二 研究语料

为了回答以上问题，我们自建三个小型语料库，即两个观察语料库和一个参照语料库。观察语料库1（CMC）由30篇中国外国语言学及应用语言学专业硕士研究生的学位论文组成，毕业时间在2010—2015年，同时考虑到所选论文作者英语熟练程度的相对可比性，我们选取的论文均为我国外国语类大学的学位论文，语料总词数为401726词。观察语料库2（CSC）由30篇中国学者发表在国际语言学或应用语言学领域学术期刊的论文组成，发表时间在2006—2016年，语料总词数为192926词。参照语料库（NSC）由30篇英语母语学者在国际语言学或应用语言学领域学术期刊上发表的论文组成，发表时间在2005—2016年，语料总词数为194952词。我们通过多种途径对CSC和NSC两个语料库中的论文作者身份进行了辨识和确认，以确保符合我们研究目的的要求。CSC和NSC语料主要来自下列期刊：*Applied Linguistics*、*Discourse Studies*、*Discourse & Communication*、*English for Specific Purposes*、*Journal of Pragmatics*、*Journal of Second Language Writing*、*Linguistics*、*Language Science*、*Modern Language Quarterly*。所有语料限于论文正文部分，论文名、作者信息、关键词、摘要、图表、致谢及参考文献部分全部剔除。

三 词块提取与分析

关于目标词块的提取，一般来说，"在词块研究中，人们通常提取和研究三词或三词以上的组合。提取词块的频次，称为提取频点（frequency cut-off）。出现频次等于或大于提取频点的词的组合，在文本分布数给定时，都被视为目标词块"。（马广惠，2009：55）以往研究分析过三至六词的词块，提取标准常以每百万词重复出现 10—40 次不等为标准。可见，目前对"词块的界定仍有争议"（高霞，2017），词块的提取也"有些任意"（Biber & Barbieri，2007）。本研究聚焦论文中四词词块的使用，词块的提取标准依照每百万词重复出现 25 次及以上且在不少于 10% 的不同文本中出现执行。根据我们的研究语料大小，设定的提取标准可换算为：NSC 为出现 5 次，CSC 为出现 5 次，CMC 为出现 10 次，且在三个不同的文本中出现。

关于词块结构分析，我们主要借鉴 Biber et al.（1999：997—1025）的词块语法结构分类做法，将学术书面语中的词块分为 12 类。① 关于词块功能分类，我们主要使用 Hyland（2008b：13—14）的词块功能分类框架，将词块在学术论文中的语篇功能分为三类。②

四　研究步骤

研究步骤按照以下三步进行：第一步，使用语料库软件 AntConc 3.4.4 的 "N-grams" 功能，根据已设定的提取标准，分别提取三个语料库中的四词词块，软件提取完成后，再一一核查，手工去除非本研究所需的四词组合。第二步，统计各语料库中的词块，对比两个观察语料库与参照语料库中的词块使用，发现不同群体作者词块使用的特点，分析词块使用是否存在显著差异。第三步，分析各语料库中词块的结构和功能特点，并揭示我国高级英语学习者与使用者词块使用存在的问题，并找出其可能的原因。

---

① 这 12 类为：(1) 名词短语+of 短语片段；(2) 名词短语+其他后修饰语片段；(3) 介词短语+嵌带 of 短语片段；(4) 其他介词短语片段；(5) 先行词 it+动词短语/形容词短语片段；(6) 被动动词+介词短语片段；(7) 系动词 be+名词短语/形容词短语片段；(8)（动词短语+）that 从句片段；(9)（动词/形容词+）to 从句片段；(10) 副词从句片段；(11) 代词/名词短语+be；(12) 其他形式。

② 这三类为：(1) 研究型词块；(2) 语篇型词块；(3) 参与型词块。

第三节 结果与讨论

一 词块总体分布特征

我们首先观察词块在语料库中的总体分布特征,表3.1显示了三个语料库中词块出现的频率及分布差异。

表3.1　　　　　　　　词块在语料库中的分布状况

语料库	总词数	实际频次	标准频次(每千词)
NSC	194952	98	4.422
CSC	192926	99	4.660
CMC	401726	138	6.663

由表3.1可见,硕士研究生使用词块的频率最高,英语母语学者词块使用频率最低,中国学者词块使用频率与英语母语学者较接近。我们用对数似然率(log-likelihood)对差异进行了显著性检验,结果表明,硕士研究生与英语母语学者之间存在显著差异($p=0.004<0.05$),也与中国学者存在显著差异($p=0.003<0.05$),但中国学者与英语母语学者之间不存在显著差异($p=0.885>0.05$),这说明硕士研究生的词块使用总体频率过高。这一结果与前人研究发现一致(Cortes,2004;De Cock,2000;Granger,1998;Hyland,2008a;Staples et al.,2013;王丽,2014;徐昉,2012)。例如,Hyland(2008a)发现学生作者喜欢用更多的固定词块表达个人观点,De Cock(2000)比较了英语母语学者与法语英语学习者,发现后者使用了更多的词块,徐昉(2012)的研究也证实了中国英语学习者比英语母语学者趋向于使用更多的固定词块,并且随着英语二语写作熟练程度的提高,与英语母语学者的差异会逐渐缩小。但是,另外一些学者的研究(Chen & Baker,2010;Haswell,1991;Kjellmer,1991;Milton,1998)结论与本研究结果相悖。例如,Milton(1998)比较了香港学生与英语母语

学生学术写作中的词块使用，发现英语母语学生使用了更多的词块，Chen & Baker（2010）的研究发现学者比学习者使用了更多的词块，结论认为随着二语写作水平的提高，词块的使用也会增多。这些研究结论之所以与本研究存在差异，可能有多种原因，比如，词块不同的提取标准涉及提取频点和文本分布数以及所选论文的学科不同、体裁不同等都会影响研究结果。可见，词块的使用问题关涉多种细微因素。

词块使用频率是一个测量方面，同时，词块使用的丰富度也是一个值得分析的指标。从词块使用的变化频率可以看出作者的文本词汇丰富程度，也是间接反映作者学术写作水平的一个维度。我们对三个语料库中的词块使用变化程度进行了统计，结果见表3.2。

表3.2　　　　　　语料库中的词块使用丰富度异同

语料库	词块数量	多样性	标准变化频率（每千词）
NSC	98	11.14	0.057
CSC	99	10.90	0.056
CMC	138	7.11	0.018

表3.2显示在词块使用丰富度方面硕士研究生与英语母语学者差异很大，与中国学者差异也较大，中国学者与英语母语学者的频率基本相同，硕士研究生趋向于过多或过少使用某些词块。这一发现支持了许多其他学者的研究结论（如 Chen & Baker, 2010; Hyland, 2008a; Milton, 1998; 胡新, 2015）。

从以上统计分析来看，无论从词块总体使用频率，还是从使用多样性程度来看，中国学者皆与英语母语学者趋于一致，两者之间不存在显著差异，而硕士研究生与两组学者均存在显著差异。这说明词块使用主要受二语学术写作水平的影响，与母语影响关系不大。中国学者运用词块的能力比硕士研究生显著增强。这部分证明了一些讨论词块与二语学习效果之间关系的研究（如韩晓蕙, 2011; 刘欢, 2015; 戚炎、徐翠芹, 2015; 戚焱等, 2015; 王丽, 2014; 杨滢滢、冯辉,

2016)结论,即词块使用与二语口头或书面表达水平之间呈正相关关系,词块意识高能促进语言应用能力,缩小与英语母语学者在词语选择上的差异,使语言运用更地道。硕士研究生学位论文语篇过量使用词块以及过多或过少使用某些特定词块主要是受制于二语学术写作水平。不过,在过量使用方面也或许与学位论文体裁有一定的关系。本研究的硕士研究生语料是学位论文,学位论文体裁不同于研究论文,有学者(如 Qin,2014)认为,学位论文因其属于教学体裁,故需要体现作者对学科知识和研究技能的掌握,从而导致对词块的使用频率高于学者研究论文。

二 高频词块分布特征

我们随后统计了三个语料库中共有的高频词块,见表3.3。

表 3.3　　　　　　　语料库中共有的高频词块

词块	NSC	CSC	CMC
at the same time	0.194	0.135	0.129
in terms of the	0.154	0.073	0.087
at the end of	0.123	0.036	0.065
the end of the	0.123	0.052	0.042
on the basis of	0.113	0.073	0.157
on the other hand	0.103	0.192	0.115
in the form of	0.092	0.062	0.075
as well as the	0.072	0.057	0.107
on the one hand	0.067	0.135	0.095
it can be seen	0.036	0.041	0.110

表3.3中所列词汇诸如 at the same time、on the other hand 等为三个语料库共有的高频词块,但具体到每个词块在三个语料库中的出现频率程度存在差异,通过语料库之间的比较,我们可以发现它们之间在高频词块使用方面的显著差异。我们首先比较了硕士研究生与英语母语学者语料库之间的高频词块差异,将具有显著性差异的词块列出,见表3.4。

表 3.4　　　　　CMC 与 NSC 语料库高频词块显著性差异

词块	CMC 频率	NSC 频率	对数似然率	Sig.
in terms of the	35	30	5.09	0.024* -
at the end of	26	24	5.03	0.025* -
the end of the	17	24	11.51	0.001*** -
it can be seen	44	7	9.68	0.002** +

由表 3.4 可见，共有四个词块存在显著差异。词块 it can be seen 之所以在三个语料库中成为高频词块主要是因为硕士研究生群体用得多，显著高于英语母语学者。至于另外三个词块，硕士研究生则比英语母语学者用得少。由此可见，硕士研究生倾向于使用更多的被动词块。

随后我们比较了中国学者与英语母语学者之间有显著差异的高频词块，见表 3.5。

表 3.5　　　　　CSC 与 NSC 语料库高频词块显著性差异

词块	CSC 频率	NSC 频率	对数似然率	Sig.
in terms of the	14	30	5.79	0.016* -
at the end of	7	24	9.68	0.002** -
the end of the	10	24	5.79	0.016* -
on the other hand	37	20	5.33	0.021* +
on the one hand	26	13	4.55	0.033* +

表 3.5 显示共有五个词块存在显著差异，其中，on the one hand 与 on the other hand 这一对相互搭配词块的使用频率均为中国学者高于英语母语学者，另外三个词块均为中国学者低于英语母语学者。

表 3.4 和表 3.5 也揭示了硕士研究生和中国学者与英语母语学者的高频词块使用差异均体现在三个词块上，即都比英语母语学者显著少用两个介词短语，即 in terms of the、at the end of 和名词短语 the end of the 词块。硕士研究生与中国学者之间的差异在于与英语母语学者比较显著多用的词块不同，硕士研究生最高频用的词块是动词型词块

it can be seen，中国学者最高频用的是 on the one hand 与 on the other hand 这一对互相搭配的介词型词块。总体来看，在高频词块使用上，与英语母语作者相比，硕士研究生与中国学者之间的共性大于差异性。但有一点需要指出的是，硕士研究生使用的高频词块 it can be seen 属于被动词块，被动结构可以回避人称标识语的使用，故能达到隐匿作者身份、降低作者责任的效果，从而不突出个人立场，这经常是学术新手的典型特点，这也体现了硕士研究生作为学术新手与较成熟的中国学者之间的细微区别。此外，这或许也可以看作受母语表达习惯的影响，已有研究（李梦骁、刘永兵，2016）证实 it can be seen、it is necessary to、we can see that 等词块的使用表现出汉语迁移的特征，这一类词块属于典型的中国学习者受汉语迁移影响而产生的"学习者词块"（蔡金亭，2015）。

三 词块结构特征

根据 Biber et al.（1999）的词块结构分类，我们对语料中的词块结构进行了统计分析，结果见表 3.6。

表 3.6　　　　　语料库中词块结构分类统计　　　　（单位：%）

词块结构	NSC	CSC	CMC
名词型词块	22.4	23.2	28.3
介词型词块	53.1	46.5	39.1
动词型词块	19.4	27.3	29.0
其他	5.1	3.0	3.6

表 3.6 显示在三个语料库中，出现频率占其各自词块总量百分比最高的都是介词型词块，其中英语母语学者比例最高，超过总量的一半之多，中国学者比例接近一半，硕士研究生比例最低。排在第二位的词块结构在三个语料库中不同，除了介词型词块，英语母语学者用得较多的是名词型词块，其次是动词型词块，中国学者和硕士研究生都是动词型词块排在第二位，名词型词块随后。三个语料库用得最少的都是其他类型词块。可见，在英语母语学者的学术论文写作中介词

型词块和名词型词块占据很大比例，中国学者和硕士研究生论文中占据较大比例的是介词型词块和动词型词块。

现在我们分别比较三组语料在介词、名词与动词三种结构类型方面的差异。首先，比较介词型词块总体和其亚类别的使用情况，见表3.7。

表3.7　　　　　介词型词块在语料库中的使用情况　　　　（单位：%）

词块	NSC	CSC	CMC
介词型词块（总体）	53.1	46.5	39.1
介词短语+嵌带 of 短语片段	65.4	69.6	50.0
其他介词短语片段	34.6	30.4	50.0

在介词型词块总体使用方面，我们发现硕士研究生与英语母语学者之间存在显著差异（$p=0.000<0.05$），硕士研究生比英语母语学者显著少用介词型词块，硕士研究生与中国学者之间也存在显著差异（$p=0.005<0.05$），比中国学者少用介词型词块，而中国学者与英语母语学者之间不存在显著差异，说明中国学者在介词型词块使用方面与英语母语学者水平相当。因此，介词型词块使用不足可以看作硕士研究生学术写作的问题之一。Chen & Baker（2010）、Hyland（2008b）的研究都说明善用介词型词块是学术写作词块使用的特征之一。接着我们比较了在两个介词型词块亚类别方面的使用差异情况，结果显示在后面嵌带 of 短语片段上，硕士研究生与英语母语学者之间存在显著差异（$p=0.000<0.05$），硕士研究生用得少，与中国学者相比，也显著少用（$p=0.000<0.05$），而中国学者与英语母语学者相比不存在显著差异（$p=0.354>0.05$）。在另外一类介词型词块使用上，情况则正好相反，硕士研究生比英语母语学者和中国学者都显著多用其他介词短语片段。这说明在介词型词块使用方面，硕士研究生的问题主要表现在对于后面嵌带 of 短语片段的词块使用不够，这也是导致其总体介词型词块使用量不及两组学者群体的原因。

然后，我们比较名词型词块总体和其亚类别的使用情况，具体统计情况见表3.8。

表3.8　　　　　名词型词块在语料库中的使用情况　　　（单位：%）

词块	NSC	CSC	CMC
名词型词块（总体）	22.4	23.2	28.3
名词短语+of短语片段	81.8	78.2	76.9
名词短语+其他后置修饰语片段	18.1	21.7	23.1

结果显示三个语料库的总体名词型词块使用不存在显著差异。关于名词型词块的两个亚类别，Biber et al.（2003）认为名词短语+of短语片段是学术写作中更常用的名词型词块类型，对这一亚类别进行比较，结果显示硕士研究生比英语母语学者用得少（p=0.000<0.05），也比中国学者用得少（p=0.000<0.05），而中国学者和英语母语学者两者之间不存在显著差异（p=0.504>0.05）。这说明硕士研究生的英语二语学术写作熟练程度与中国学者相比还处于较低层次，距离成熟的学者水平还有不小的距离。在另外一亚类别的使用上，情况相同。这进一步验证了词块使用是衡量二语学习发展的重要指标的说法（Ellis et al., 2008）。

随后，我们比较动词型词块总体和其亚类别的使用情况，具体统计情况见表3.9。

表3.9　　　　　动词型词块在语料库中的使用情况　　　（单位：%）

词块	NSC	CSC	CMC
动词型词块（总体）	19.4	27.3	29.0
先行词it+动词短语/形容词短语片段	10.5	14.8	22.5
被动动词+介词短语片段	42.1	37.1	25.0
系动词be+名词短语/形容词短语片段	10.5	22.2	27.5
（动词短语+）that从句片段	15.8	3.7	2.5
（动词/形容词+）to从句片段	10.5	3.7	2.5
副词从句片段	5.3	14.8	17.5
代词/名词短语+be（+…）片段	5.3	3.7	2.5

结果显示三个语料库的总体动词型词块使用不存在显著差异。表 3.9 显示在七个亚类别上，被动动词+介词短语片段是两组学者群体都用得最多的一个类型，Biber et al.（1999）的研究认为这一词块类型在学术写作中起着举足轻重的作用。我们对其进行了显著性差异检验，结果表明，在这一方面，硕士研究生用得最少，与英语母语学者存在显著差异（p=0.000<0.05），也与中国学者存在显著差异（p=0.000<0.05），但中国学者与英语母语学者不存在显著差异（p=0.110>0.05）。这说明硕士研究生在动词型词块使用上还需要加强在这一亚类型方面的使用训练，以提高学术写作水平。观察发现，硕士研究生用得最多的亚类别是系动词 be+名词短语/形容词短语片段，比英语母语学者显著多用（p=0.041<0.05），但与上述对比方面不同的是，中国学者在这一点上与英语母语学者表现出不一致的特征，比英语母语学者显著多用（p=0.000<0.05），甚至也比硕士研究生显著多用（p=0.000<0.05），其中的原因或许可以归结到中介语发展较高级阶段过程中的石化停滞现象，但尚需进一步的实证研究以探索其成因。

四 词块功能特征

根据 Hyland（2008b）的词块功能分类，我们对语料中的词块进行了功能分析，结果见表 3.10。

表 3.10　语料库中词块功能分类统计　（单位：%）

词块功能	NSC	CSC	CMC
研究型词块	27.5	29.3	31.2
语篇型词块	59.2	55.5	47.8
参与型词块	13.3	15.2	21.0

由表 3.10 可以看出，语篇型词块在三个语料库中都占据最大使用比例，英语母语学者所占比例最高，中国学者次之，所占比例皆过半，硕士研究生最低，未达到 50%。参与型词块在三个语料库中的使用比例均最低，但进一步观察发现，其在硕士研究生论文中使用比例

高于两组学者群体。研究型词块居于中间状态，同时仍然是硕士研究生群体使用最高，英语母语学者使用最低。

我们分别对三种功能的词块使用进行了显著性差异检验，结果发现，在语篇型词块使用方面，硕士研究生比英语母语学者显著少用（p=0.001<0.05），也比中国学者显著少用（p=0.003<0.05），中国学者和英语母语学者之间不存在显著差异（p=0.821>0.05）。这说明，硕士研究生在论文组篇架构方面尚存在不足。语篇型词块主要用于语篇信息或论证的组织，对于篇章连贯性起着十分重要的作用，Hyland（2008b）的研究显示语篇型词块在应用语言学领域的论文写作中占据主导位置，虽然语篇型词块也是硕士研究生在三类功能词块中用得最多的一个类型，但是其主导性地位不及两组学者群体中的语篇型词块分布。在另外两类即研究型和参与型词块使用方面，三组语料均不存在显著差异。

然后我们对三种功能词块的亚类别分别进行了比较，以进一步揭示在哪一个具体方面存在差异，结果见表3.11、表3.12与表3.13。

表3.11　　　　语篇型词块在语料库中的使用情况　　　（单位：%）

词块	NSC	CSC	CMC
过渡	19.0	16.4	15.2
结果	0	7.3	6.1
文本结构	10.3	9.1	22.7
框架	70.7	67.3	56.1

表3.12　　　　研究型词块在语料库中的使用情况　　　（单位：%）

词块	NSC	CSC	CMC
定位	7.4	17.2	11.6
过程	22.2	6.9	2.3
量化	7.4	6.9	4.7
描述	63.0	69.0	79.1
话题	0	0	2.3

表 3.13　　　　　参与型词块在语料库中的使用情况　　　（单位：%）

词块	NSC	CSC	CMC
立场	92.3	80.0	72.4
融入	7.7	20.0	27.6

由表 3.11 可见，在语篇型词块各类别使用方面，硕士研究生相比较于英语母语学者和中国学者在框架功能和过渡功能方面使用较少，在文本结构功能方面使用较多，这说明硕士研究生过多依赖具有标示文本结构功能的词块，如 in this chapter the、in the following part、as mentioned in chapter 等，但在过渡功能与框架功能方面的词块使用过少。

表 3.12 显示，在研究型词块各类别使用方面，硕士研究生明显少用过程功能方面的词块，但在描述功能方面的词块上使用多。虽然，在研究型词块总体使用频率上，硕士研究生与两组学者之间不存在显著差异，但在使用描述功能的词块方面，如 the purpose of the、findings of the study、an important role in 等用于描述要么自己的研究要么他人的研究的词块时，使用较多，其比例近乎 80%，可见其用量之大。在定位功能方面的词块使用上，硕士研究生也多于英语母语学者，定位功能词块主要指一些涉及时间方面的词块，如 at the same time、at the beginning of、at the end of 等，值得指出的是，在这一点上，中国学者也用得较多，比例甚至超过硕士研究生，这或许说明这一差异与母语或母语文化影响有联系，或者与前文所提到的中介语发展过程中的石化停滞现象有关。此外，在具有量化功能词块方面的使用上，硕士研究生也少于英语母语学者和中国学者，Cortes（2004）的研究结果也说明学生学术写作中缺乏量化词块，需要在这一方面进一步加强训练。

从表 3.13 可以看出，在具有参与功能词块的使用方面，硕士研究生在立场表达上不及两组学者，但在融入方面多用。这说明硕士研究生立场表达能力弱。Hyland（2008b）认为立场与作者相关，常用非人称的形式表达作者的观点和态度。硕士研究生在表达自己的见解方面明显不及学者群体，说明他们仍处于学术写作的学徒阶段，尚未建立起充分的学术自信。起融入功能的词块旨在用于邀请读者加入话语，加强语篇互动，如 we all know that、is known to all、pay more attention to 等词块吸取了口头话语交际的做法，与读者直接对话，强化了互动性，但在另一方面来看，如果过多使用此类词块，则会降低学术写作文体的正式程度，需防止过度使用。硕士研究生对这一类型词块的过多使用也证实了硕士研究生尚未充分建立起学术语体意识的论断，如管博和郑树棠（2005）、文秋芳等（2003）、徐昉（2012）等都发现学生书面语体的口语化倾向。

第四节　小结

本章通过语料库对比的方法，分析了外国语言学及应用语言学专业硕士研究生、中国学者与英语母语学者在语言学与应用语言学研究领域论文写作中词块的使用与其结构和功能特征。研究发现，与英语母语学者相比，硕士研究生的词块使用量明显过多，但其词块使用的多样性丰富程度不够，存在过多使用某些自己较熟悉词块以及过少使用某些英语母语作者常用词块的特征；在词块结构特征方面，硕士研究生明显少用介词型结构词块，在名词型和动词型结构词块使用上，虽然总体不存在显著差异，但在它们之下的几个亚类别词块上存在多用或少用的现象；在词块功能特征方面，硕士研究生明显少用语篇型功能词块，在研究型和参与型功能词块使用上，虽然总体不存在显著差异，但在它们之下的几个亚类别上存在多用或少用的现象。通过硕士研究生与中国学者之间的对比分析，研究发现在词块使用总量、词块使用多样性程度、介词型结构词块、语篇型功能词块使用上，两者之间的差异性大于共性，中国学者比硕士研究生更接近英语母语作者，学术写作水平明显高于硕士研究生，揭示了二语学术写作水平的发展特征；在高频使用词块的某些方面、动词型结构词块的某些类别、研究型功能词块的某些类别上，硕士研究生和中国学者之间的共性大于差异性，表现相似，与英语母语学者有一定的差距，揭示了受母语或母语文化的影响，抑或受制于中介语发展中的石化停滞现象。这些发现证实二语写作者在词块使用方面具有自己的特征，且不同水平的二语写作者呈现出与英语母语学者不同的差距。

　　本章研究结论对二语学术写作教学具有启示意义，也可为二语学术写作教材编写提供一定的借鉴。但由于语料库容量还不是很大，存在一定的局限性，所得结论还需更多的实证研究支撑。此外，对观察语料库词块使用特征原因的解释具有一定的主观性，要使其客观和完整，还有待后续研究进一步论证。

第四章　二语学术论文写作中的立场表达[①]

第一节　引言

　　比较普遍的观点认为，学术论文写作并非仅仅传递信息，也是一个修辞过程，是作者试图说服读者和学界接受其观点的过程。在劝说的过程中，不可避免地涉及作者对所传递命题信息的态度和价值判断，即需要表达自己的立场（stance），用于表达作者立场的语言资源常被称作立场标记语（stance markers）。随着语言学研究对语言主观性特征的越来越重视，立场标记语研究成为近些年来语言学界的一个研究热点。因其在学术语篇建构和作者与读者修辞互动中起着重要的作用，立场标记语尤其成为研究学术人际意义的重要领域。本章拟对比中国英语学习者英语学术论文、英语母语学生英语学术论文以及汉语母语学生汉语学术论文中结论部分立场标记语的使用情况，从跨文化修辞学视角分析和阐释中国英语学习者立场标记语的使用特点、与英语母语学生的异同以及是否受到汉语母语学术写作修辞习惯的迁移影响，以期为立场表达研究及我国二语学术写作教学提供依据。

第二节　相关文献综述和分析框架

　　国内外对立场标记语的研究包括理论研究和实证研究两方面。

[①] 本章在鞠玉梅（2018b）的基础上修改完成。

理论研究主要对立场进行定义和分类（如 Biber & Finegan，1988，1989；Biber et al.，1999；Hunston & Thompson，2000；Hyland，2005b；徐宏亮，2007 等）。关于立场的定义，根据 Biber et al.，立场指作者"对某事所表现出的个人情感或评价，包括具体看法、对事件真实性的确认程度以及究竟是何态度等"（1999：967）。因此，立场表达的是语言成分与语境之间的一种语用修辞关系，作者/发话者通过对命题内容和语篇参与者的影响来表达态度、情感、价值判断和承诺等。作者/发话者常借助语法手段、富含价值判断的词语和副语言手段等多种方式向读者传达有关命题内容的个人情感、态度和价值判断等。关于立场的分类，Biber et al.（1999）分为三大类：认知的（epistemic）、态度的（attitudinal）和方式的（style of speaking）。认知立场指作者/发话者对命题信息描写的确定性、可能性、事实性、精确性的判断，以及用于表明知识的来源或角度；态度立场表达的是个人态度或情感，用于指明作者/发话者对命题内容的评价、情感表达、价值判断、重要性评价等；方式立场呈现作者/发话者对于命题陈述方式的评价。Hunston & Thompson（2000）提出了四种分类，包括好—坏（good-bad）、确信程度（level of certainty）、预期性（expectedness）、重要性（importance）四个维度，这四个维度表明了立场的修辞功能，如给出评价、提出观点、表达个人预期以及进行评估等。Hyland（2005b）也提出四种分类，分别是模糊限制语（hedges）、确定表达语（boosters）、态度标记语（attitude markers）和自我提及语（self-mention）。他从作者的承诺程度、确定程度、态度表达和自我参与程度等方面对立场进行了描写。以上三种分类是关于立场较为常见的分类。

实证研究主要运用基于语料库的研究方法对比不同文化背景或同一大文化背景下不同小文化背景的立场标记语的使用状况和特点（如 Charles，2003，2006；Hyland，1999，2004，2005b；Hyland & Milton，1997；Hyland & Tse，2005a；Marín-Arrese，2015；龙满英、许家金，2010；潘璠，2012；王立非、马会军，2009；吴格奇，2010；徐昉，2013；徐宏亮，2011；赵晓临、卫乃兴，2010 等）。此类研究主要是对比研究，特别是两两对比研究。总体来看，以往的研究对立场的定义和分类以及可资使用的语言资源进行了探讨，加深了人们对学术语篇中作者立场构建这一问题的认识。本章在前人研究的基础上，侧重学习者特征进行多维比较研究，聚焦学术论文结论部分，探究二语学习者如何使用立场标记语建构立场与实施劝说，发现他们与英语母语作者在立场标记语使用方面的异同，并尝试性地探索其立场标记语的使用特点是否受到了母语写作修辞习惯的影响。

关于分析框架，在 Biber et al.（1999）、Hunston & Thompson（2000）和 Hyland（2005b）研究的基础上，结合所分析语料的情况，我们总结出可用于构建作者立场的几种语言手段。我们把立场表达分为六类，即模糊性标记语（hedges）、确定性标记语（boosters）、言据性标记语（evidential markers）、态度性标记语（attitude markers）、方式性标记语（style of speaking）以及自我指涉性标记语（self mentions）。模糊性标记语表达作者的不确定性，降低作者对所说内容的责任，如 may、might、perhaps、possible 等；确定性标记语表达作者的确定性，显现作者对所说内容的信心，如 must、certainly、definitely、obviously 等；言据性标记语表达信息来源，如 according to、it is reported that 等；态度性标记语表达作者对所说内容所持的情感态度以及价值判断，如 agree、important、reasonable 等；方式性标记语呈现作者对交际本身的评价，如 generally speaking、in brief、to sum up、in short 等；自我指涉性标记语明确地提及作者自身，如 I、we（不包含受话者的）、my、me、our、ours 等。根据以上分类，我们提出研究的立场表达分析框架，见表 4.1。

表 4.1　　　　　　　　　　立场表达分析框架

类别	功能	语言表达手段（举例）
模糊性标记语	表达作者的不确定性，降低对所说内容的责任	may, might, seem, appear, probably, perhaps, possible, about, maybe, approximately
确定性标记语	表达作者的确定性，显现对所说内容的信心	must, should, necessary, certainly, clearly, no doubt, definitely, obviously, confirm, demonstrate, it is clear that, I think

续表

类别	功能	语言表达手段（举例）
言据性标记语	表达信息来源	according to, X says, X claims, it is reported that
态度性标记语	表达作者对所说内容所持的情感态度以及价值判断	agree, prefer, unfortunately, remarkably, successfully, appropriately, interesting, important, reasonable, failure, advantage, it is surprising that
方式性标记语	呈现作者对交际本身的评价	strictly speaking, generally speaking, in brief, in a word, to sum up, in short
自我指涉性标记语	明确地提及作者自身	I, we（不包含受话者的）, my, me, our, ours

第三节 研究设计

一 研究问题

本章旨在分析中国英语学习者英语学术论文写作运用立场标记语表达立场的状况，试图发现中国英语学习者学术写作立场构建的特征，它们与英语母语学生学术写作有何异同以及是否受到汉语母语学术写作修辞习惯的影响。我们选取论文的结论部分作为聚焦分析的对象，主要是因为结论部分是对研究结果和发现的总结，需要突出研究的原创性和重要性，因此，相对于其他部分更能表现作者的立场，有助于实现本章的研究目的。基于此，主要探讨以下两个问题：

（1）中国英语学习者英语学术论文结论部分中的立场表达与英语母语学生英语学术论文结论部分的立场表达有何异同？

（2）中国英语学习者英语学术论文结论部分的立场表达是否受其母语汉语学术论文写作的影响？如果是，表现在哪些方面？

二 语料收集与处理

我们试图以语料库对比分析为基础，探究中国英语学习者英语学术论文结论部分与英语母语学生英语学术论文结论部分立场标记语的使用有何异同，呈现出何种特点，并且试图发现中国英语学习者英语学术论文结论部分立场标记语的使用是否受其母语汉语学术写作的影响。因此，根据研究目的的需要，我们自建了三个小型学术英语语料库。语料库 1 是中国英语学习者英语学术论文语料库，由 20 篇外国语言学及应用语言学专业的应用语言学领域的硕士学位论文组成，学位获得时间限定在 2011—2015 年，所选学校尽量涵盖不同类别的高校，每个学校所选论文不超过两篇；语料库 2 是英语母语学生英语学术论文语料库，由 20 篇应用语言学领域的硕士学位论文组成，学位获得时间限定在 2011—2015 年，所选学校来自美国不同区域的主要高校，每个学校所选论文不超过两篇，并且对所选论文作者的英语母语身份通过多种途径进行核实，以确保英语为其母语；语料库 3 是汉语母语学生汉语学术论文语料库，由 20 篇语言学及应用语言学专业的应用语言学领域的硕士学位论文组成，学位获得时间也限定在 2011—2015 年，每个学校所选论文也不超过两篇。以上论文均选取其论文结论部分，所选论文均有明显的"Conclusion"和"结论"或"结语"章节字眼。语料库 1 共计 28846 词，语料库 2 共计 37819 词，语料库 3 共计 55578 字。我们认为，以上语料库建设方法保证了对比研究的基础，即高度的可比性。

所选择的语料最初均为 PDF 格式，我们首先将其全部转换成 TXT 格式。随后，根据本研究的分析框架（见表 4.1），对所有语料逐一进行手工标注。为保证较高的标注效度，凡有模糊不清之处，皆找多名研究者一起讨论，最后形成统一的标注标准。标注完成后，采用语料库软件 AntConc 3.4.4 检索工具对语料进行检索和统计，首先发现三个语料库中立场标记语的分布规律与使用模式，然后进行组间和组内对比，重点做中国英语学习者的英语学术论文同英语母语学生的英语学术论文的对比，以及汉语母语学生的汉语学术论文同英语母语学生的英语学术论文的对比。统计分析按每千词为单位的标准频数报告结果，并用卡方检验分析语料库间立场标记语的使用是否具有显著差异。最后，对数据进行分析与讨论。在定量分析的基础上，从跨文化修辞学的视角，探讨中国英语学习者立场标记语的使用特点，与英语母语学生相比有什么异同，在立场建构方面有何自身的特点，以及是否受到汉语母语学术写作的影响。

第四节 研究结果与讨论

一 立场表达在三组语料中的整体分布情况及对比

通过对20篇中国英语学习者英语学术论文、20篇英语母语学生英语学术论文以及20篇汉语母语学生汉语学术论文的立场表达标记语进行标注，60篇文本共标注得到立场表达标记语2654处。立场表达标记语在各语料库中的分布情况见表4.2。

表4.2　立场表达在三组语料中的总体分布情况

语料类别 \ 统计结果	总字词数	实际频次	标准频次（每千词）	人均频次
中国英语学习者英语学术论文	28846	670	23.22	33.50
英语母语学生英语学术论文	37819	1582	41.83	79.10
汉语母语学生汉语学术论文	55578	402	7.23	20.10

表4.2的统计显示，三组语料中立场表达频次最高的是英语母语学生，标准频次达到每千词41.83次，人均频次为79.10次；其次是中国英语学习者，标准频次达到23.22次，人均频次为33.50次；立场表达频次最低的是汉语母语学生，标准频次仅为7.23次，人均频次为20.10次。初步来看，三组语料中立场表达的比例差距较大。

二 立场表达各类型在三组语料中的分布情况及对比

下面我们统计立场表达各类型在三组语料中的分布情况。根据表4.3，三组语料中使用最多的立场表达各不相同，中国英语学习者使用最多的立场表达为确定性标记语，其次为模糊性标记语，位列第三的为态度性标记语，其他的几类都没有超过5%；英语母语学生使用最多的立场表达为模糊性标记语，其次为自我指涉性标记语，位列第三的为态度性标记语，随后超过10%的还有确定性标记语和言据性标记语；汉语母语学生使用最多的立场表达是确定性标记语，其次是态度性标记语,其他的几类都没有超过10%,而且还有两类即模糊性标记语和言据性标记语使用频率为零。初步显示,英语母语学生使用立场表达的类别最全,且较为均衡,其次是中国英语学习者,汉语母语学生使用立场表达的类别最少,且存在严重不均衡的现象。

表4.3　　立场表达各类型在三组语料中的分布情况

立场表达类别	中国英语学习者英语学术论文 实际频次	中国英语学习者英语学术论文 标准频次(每千词)	中国英语学习者英语学术论文 百分比(%)	英语母语学生英语学术论文 实际频次	英语母语学生英语学术论文 标准频次(每千词)	英语母语学生英语学术论文 百分比(%)	汉语母语学生汉语学术论文 实际频次	汉语母语学生汉语学术论文 标准频次(每千词)	汉语母语学生汉语学术论文 百分比(%)
模糊性标记语	124	4.29	18.51	548	14.49	34.64	0	0	0
确定性标记语	362	12.54	54.03	130	3.43	8.22	240	4.32	59.70
言据性标记语	30	1.04	4.48	194	5.13	12.26	0	0	0
态度性标记语	120	4.16	17.91	290	7.67	18.33	138	2.48	34.33
方式性标记语	8	0.27	1.19	6	0.16	0.38	14	0.25	3.48
自我指涉性标记语	26	0.90	3.88	414	10.95	26.17	10	0.18	2.49
合计	670	23.22	100	1582	41.83	100	402	7.23	100

三　立场表达在中外语料中的分布对比

本小节我们首先对比中国英语学习者语料与英语母语学生语料中立场表达的差异,随后比较汉语母语学生语料与英语母语学生语料中立场表达的差异。由表4.4、表4.5可见,两组对比数据结果比较相当。中国英语学习者与英语母语学生立场表达的差异,与汉语母语学生同英语母语学生立场表达的差异,在模糊性、确定性、言据性、态度性和自我指涉性五个方面存在显著差异,且差异的方向一致,确定性标记语方面皆为中国英语学习者和汉语母语学生多于英语母语学生,其他四个方面皆为中国英语学习者和汉语母语学生少于英语母语学生;且两组对比数据皆在方式性标记语使用上不存在显著差异。可见,中外英语论文立场表达的差异,与汉语母语同英语母语论文立场表达的差异是基本吻合的。

表 4.4　中国英语学习者与英语母语学生语料中的立场表达对比

立场表达类别 \ 统计结果	中国英语学习者英语学术论文	英语母语学生英语学术论文	χ^2	p 值
模糊性标记语	124	548	−169.310	0.000
确定性标记语	362	130	184.227	0.000
言据性标记语	30	194	−80.514	0.000
态度性标记语	120	290	−32.376	0.000
方式性标记语	8	6	0.605	0.436
自我指涉性标记语	26	414	−250.333	0.000

表 4.5　汉语母语学生与英语母语学生语料中的立场表达对比

立场表达类别 \ 统计结果	汉语母语学生汉语学术论文	英语母语学生英语学术论文	χ^2	p 值
模糊性标记语	0	548	−807.600	0.000
确定性标记语	240	130	4.204	0.040
言据性标记语	0	194	−283.222	0.000
态度性标记语	138	290	−131.507	0.000
方式性标记语	14	6	0.530	0.466
自我指涉性标记语	10	414	−574.929	0.000

四　中国英语学习者立场表达特征

统计发现，整体来看，英语母语学生立场表达最为频繁，说明英语母语作者更注重运用修辞策略表达自己的立场，传递关于所述命题内容的价值判断和情感。相较于英语母语学生，中国英语学习者和汉语母语学生均明显少用立场表达标记语，这似乎说明相比较于西方学术传统，中国学术研究不太重视在学术写作中构建自己的立场与表达自己的态度，中国英语学习者也受到了汉语母语的迁移影响。但英语学习者用英语撰写的论文比用汉语撰写的论文在立场表达上更频繁一些，这说明英语学习者多少受到了自己所学专业的影响，表现出对目标语的模仿，因此，比同辈汉语专业的学生更加有意识地使用立场表达，介于两者之间。

从立场表达不同类别的标记语使用情况来看，英语母语学生使用的类别最全，较为均衡，汉语母语学生使用的类别最不全面，有严重的失衡问题，存在过度使用某一类与从不使用某些类别的现象，英语学习者介于两者之间，即所用的立场表达没有英语母语作者那样均衡，但也不像汉语母语学生过分集中在某一类立场表达的使用上。原因与以上所述相同，即中国英语学习者不可避免地受到母语语言与文化传统和修辞偏好的影响，但在学习目标语的过程中也在努力地靠近所学目标，因此，其语言输出具有明显的中介语特点。

从差异的方面和程度来看，中国英语学习者英语学术论文立场表达系统较之英语母语学生，在自我指涉性、模糊性、言据性、确定性、态度性几个方面差异显著，其中确定性立场表达显著多于英语母语作者，其他几个方面显著少于英语母语学生。这与汉语母语学生汉语论文与英语母语学生英语论文的立场表达差异基本一致，也是在确定性立场表达方面显著多于英语母语学生，在另外四个方面显著少于英语母语学生。这说明中国英语学习者在英语学术论文写作过程中受到了母语汉语文化和思维的影响。关于母语对英语学术写作的影响，这一点早在跨文化修辞学的早期理论即 Kaplan（1966）的对比修辞学模式时代就有论述，认为英语二语写作的话语模式与作者的母语修辞传统一致，母语修辞习惯不可避免地对二语写作产生影响。虽然 Kaplan 的理论受到了质疑，但也有很多研究（如 Hinds，1987；Li，2014）证明二语写作与母语写作模式的相关性。

确定性立场表达标记语表达作者/发话者的确定性，显现对所说内容的信心。根据对中国英语学习者语料的观察可以看出，确定性立场标记语常用于帮助作者强调自己的观点和研究发现的理论和实践意义，最常用的语言形式包括 should、it is necessary that、there is no doubt that、it is clear that 等语言表达形式，这与汉语母语学生汉语学术论文中的确定性立场表达形式基本对应。我们在汉语论文语料库中也发现了"应""需""有必要""必须"等语言形式。这与汉文化写作传统中对好文章的标准一致，观点鲜明、表达有力常被认为是好的写作的应有特点（Li，1996）。因此，文风上就会形成"重强化，轻软化"（许家金，2013）的风格，故会多用强调式的确定性表达，这必然使中国英语学习者的英语学术论文写作过度使用确定性立场表达标记语。这一点与多项相关对比研究结果一致（如许家金，2013；许家金、许宗瑞，2007）。

在明显少于英语母语学生的立场表达方面，自我指涉性和模糊性两类表达最为明显。模糊性立场表达标记语主要是用于降低作者/发话者对所说内容的责任，留有一定的余地，不把话说得过于绝对，软化语气，使表达更加委婉和有礼貌。中国英语学习者较之英语母语学生明显少用模糊性表达，排在少于使用的立场表达标记语列表里的第二位，而汉语母语学生较之英语母语学生较少使用的立场表达标记语中，模糊性表达位居第一。这说明中国英语学习者受到了汉语母语的迁移影响，在其英语学术论文写作中不太擅长调适语气使其表达更易于被他人所接受，以收到更好的人际互动协商效果。这与过多使用确定性立场表达是相匹配的，致使口气过于绝对，不够缓和与礼貌。但值得提出的是，英语学习者较之同辈汉语专业学生更多地接受了英语写作的修辞策略影响，习得了一定的模糊性表达式，表现出一定程度向目标语过渡的趋势。

中国英语学习者的自我指涉性立场表达标记语的使用也明显少于英语母语学生。自我指涉性标记语明确提及说话者或作者自身，可构建较强的自我学术身份意识。根据对三个语料库的观察，可以看出，英语母语学生最常使用的自我指涉性标记语为做主语的 I，用来给出研究结果和阐释作者的观点，突出了作者强烈的研究者和观点持有者的学术身份意识，有助于最大限度地促进自我参与，强化作者的学术角色。取而代之，中国英语学习者用于替代 I 的最常用的表达式为 the thesis、this study、the author 等类别的隐匿作者身份的表达式，用于暗示研究的客观性，说明他们试图构建客观的、中立的立场，尽量隐藏自己作为一个个体研究者的身份，以淡化个人在表达观点时的作用，不凸显自己本身对研究的贡献。与此相似的是，从汉语母语学生的汉语写作语料中可以看出，他们更常使用的是复数的"我们"，整个语料几乎没有出现单数的"我"。这说明英汉两种文化的不同在语言表达上的体现，中国文化传统更崇尚集体归属，英语文化更推崇个人贡献。因此，在学术写作中隐藏个体身份，更经常构建一个集体身份或者抽象身份，是中国学术写作的常见特征。中国英语学习者的英语学术论文写作也受到了汉语母语文化的迁移影响，弱化作者个体的学术身份，凸显研究的客观性的特点在其二语写作中表现得很突出，相关研究（如 Hyland，2002；黄大网等，2008）也证实了这一点。

在明显少于英语母语学生的立场表达方面，言据性和态度性立场表达也比较显著。言据性主要通过直接或间接引用，指明信息来源，用以帮助作者形成自己的观点或构建自己的学术立场。相比较于英语母语学生，中国英语学习者虽然偶有使用言据性立场表达，但总体明显较少，而汉语母语学生语料中没有发现一处言据性立场表达。这似乎说明相比较于西方学术传统，中国学术研究不够重视引用他人的研究成果来说明自己的观点，不太注意构建自己属于某一学术圈的学术身份。中国学生的英语学术论文写作也在某种程度上受到了这一传统的影响，但比其同辈汉语专业学生更有引用意识，他们多少也受到了英语学术文化的影响，引用意识介于两者之间，这也是与他们所学专业密切相关，学习一门语言，不仅是习得语言本身，更是一种文化的潜移默化的影响。

态度性立场表达标记语显现作者/发话者对所说内容所持的情感态度以及价值判断。在这一方面，中国英语学习者和汉语母语学生语料与英语母语学生语料相比同样明显少用，具有显著性差异。娄宝翠（2013）对中国英语学习者学术英语的研究也发现其表达态度立场较少。这说明中国学生弱于对自己或他人的研究做出评价和判断，批判性思维和思辨能力有待提高。中国英语学习者在态度立场表达方面的欠缺似乎不仅仅是外语表达能力受制约的问题，还与汉语母语文化传统有很大的关系。对语料的观察发现，英语母语学生的态度表达经常用于评价自己的研究发现，或者用于对比自己与他人的研究结果，具有加强自己的研究结论以给读者留下更深刻印象的作用，使自己的研究结果更具有信服力。中国学生的少量态度表达主要出现在研究的局限性和对未来研究的展望中，一般用来说明自己研究的不足，并表达对未来研究特别是他人承接其研究的期望。汉语专业的学生尤其如此，几乎所有的态度表达都属于此类型。这可能与中国文化强调自谦不无关系，一般来说，在中国文化传统中不太提倡对自己的评价，特别是正面积极评价，"让事实说话"，而不是自己发声。相反，英语文化强调个人荣誉感，其学术研究重视个人的贡献，仅仅把研究结果罗列出来还不够，还需要自我评价，并把自己的研究发现置于学术共同体内，通过比较突出自己研究的特点和贡献。这与中国文化的谦卑和避免自我评价与公开评价他人截然不同。因此，中国英语学习者的英语学术论文写作介于两者之间，既带有中国文化的烙印，又受到了英语文化一定的影响，但从程度上来看，母语文化的影响更大一些。

立场表达是一个系统理论，以上就差异最显著的立场表达标记语加以分析，可以管窥中国英语学习者在立场表达方面的特点以及与母语文化的联系。

第五节　小结

通过对三组语料库数据统计结果的分析与讨论，我们得出中国英语学习者在立场表达方面与英语母语学生的异同情况。双方所表现出来的差异性大于共性。在整体使用频率上，英语母语学生显著高于中国英语学习者，在各立场表达类型的变化使用上，前者显然更均衡，后者较为单一。考察立场表达的各方面，发现两者只在方式性立场标记语的使用上不存在显著差异，在模糊性、确定性、言据性、态度性和自我指涉性五个方面均存在显著差异，其中中国英语学习者的确定性立场表达显著多于英语母语学生，其余四个方面均显著少于英语母语学生。这与汉语母语学生汉语学术论文与英语母语学生英语学术论文的对比结果比较一致，说明中国英语学习者的英语学术论文写作与其汉语学术论文写作具有一定的相关性。

对于以上存在的差异性，研究讨论认为这样的结果不能简单归因为中国英语学习者二语语言能力不够，我们认为更主要的原因是受到了母语汉语文化传统和学术修辞习惯的影响，在立场表达上不够充分，变化也较少，对确定性立场表达过度偏爱，语势强硬，弱于委婉礼貌表达，隐匿作者个体身份，强调疏离和抽象的作者身份，引用他人不够频繁，疏于构建隶属某一学术共同体的身份，规避自我评价和价值判断，对自身的学术贡献表现谦卑等，这些文化标签都或多或少地影响了中国英语学习者的二语写作，使他们具有不同于英语母语作者的修辞偏好，但与此同时，他们也表现出一定程度上的与所学目标语的靠拢，受到英语文化的影响，也与汉语专业学生的修辞习惯有少许不同。但总体来看，母语文化的影响大于所学语言文化的熏陶。

　　本章所得研究结论对我国英语二语学术写作教学具有一定的启示意义。在英语二语学术写作教学过程中，教师可有意识地向学生讲解立场表达标记语在学术语篇中的作用，通过不断练习，增强学生的立场表达意识。除此之外，教师还可指导学生在阅读英语母语专家发表的英语著述时批判性地学习和借鉴其立场表达。再者，学生可对自己的英语学术论文写作中的立场表达进行分析，并与专家的写作进行对比，从而使学生的学术立场表达更加准确和自然，提高英语学术写作的能力。

第五章 二语学术论文写作中引述句的主语特征与身份构建[①]

第一节 引言

目前，众多学者认为，"学术论文是作者高度参与的社会性言语行为"（Hyland，2004：1），作者事实上总是与读者进行一种交互性的交流。这是因为论文作者在显现研究结果的客观性的同时，不可避免地要向读者实施修辞劝说，表明自己的立场，构建自己的身份，争取得到读者的认同以接受其观点。社会语言学认为，语言在建立并维持人们在社会中的身份地位具有重要的作用。学术话语也不例外，在学术写作中，作者试图通过所使用语言的词汇、句法和结构等层面的话语策略在学术社区内构建一个自认为能够被读者所认同的身份，无论这种努力成功与否，语篇都会呈现出一定的作者身份特点。引述句作为文献引用的一种重要方式，是学术语篇文体固有的特征。我们认为引述句不仅是构成学术语篇文体的重要元素，而且还是作者确立学术身份的一种重要语言资源。本章拟聚焦引述句中的主语，分析主语在英语母语学者、母语为汉语的使用英语为二语或外语写作的中国学者以及中国英语专业硕士研究生三组不同群体所产出的学术语篇中的身份构建功能，找出其各自引述句主语使用的特点和规律，探索其背后所隐藏的身份构建机制，以期为学术语篇的身份呈

[①] 本章在鞠玉梅（2016b）的基础上修改完成。

现特征找出新的语言证据,并发现不同母语文化、不同群体文化论文作者在身份构建方面所表现出的异同,为对比修辞学研究提供新的考察视角。

第二节 相关文献综述和分析框架

语言与身份的关系研究是国内外学界非常关注的一个问题,国内外学者从社会语言学、语用学、社会心理学、言语交际民俗学、民族语言学和批评话语分析等角度都对这一问题进行了深入的探索。在学术语篇研究领域,这一问题也备受关注,国内外学者对学术语篇中的作者身份及其构建做了很多研究。在这类研究中,主要是探究作者身份构建的话语策略,学界较普遍地持有"学术语篇作者通过各种话语策略在学术社区内对自我身份进行协商"(Ivanič,1998:329)的观点。绝大多数研究聚焦于第一人称代词,认为第一人称代词是作者身份的显性标记,具有构建作者身份的修辞功能,例如,Kuo(1999)的研究发现第一人称代词在科技论文中的高频使用反映了作者构建自身身份并形成与读者良好的互动关系的努力;Tang & John(1999)的研究证明了第一人称代词具有构建多种作者身份的功能;Hyland(2002)通过对第一人称代词使用的对比研究,发现二语学生论文作者第一人称代词的使用频率偏低,造成作者身份体现不明显;Harwood(2005a)对不同学科科研论文中的第一人称代词进行了分析,发现即使是自然科学学科的论文作者也使用人称代词来实现构建自我身份与进行自我推销的目的;Luzón(2009)对比了学生学者和专家学者的第一人称代词使用情况,发现学生学者不能很好地运用第一人称代词实现语篇的修辞功能;黄大网等(2008)对中外科学家材料科学论文引言中第一人称代词的使用进行了研究,发现了中外作者投射自身存在与构建自身身份的差异性;高霞(2015)对中外科学家学术论文中第一人称代词的使用进行了对比研究,发现学科在写作者主体性彰显方面的影响力大于写作者母语;吴春晓(2015)也是从第一人称出发，研究了英语学术论文中作者在不同部分所构建的不同身份。除了对第一人称代词作为身份构建的语言资源的研究，近来学者们还尝试探索其他语言资源在学术语篇中的身份构建功能，比如自称语（柳淑芬，2011；吴格奇，2013）、学术语块（徐昉，2011）、言据性资源（杨林秀，2015）、介入资源（Hu & Wang，2014）等。所有这些研究都加深了人们对学术语篇中作者身份构建这一问题的认识，并开始关注越来越多的语言资源是如何帮助作者构建身份实现与读者的互动的。

恰当地使用引述是学术写作能力的重要构成因素。Thompson（2001：3）将其定义为"另外一个声音"，可以是作者本人的思想观点，也可以是作者为了增强语篇的说服力，借用自他人的观点。一般来说，学术写作指导书都会对其使用惯例进行讲解。不同的引述方式不仅能反映出作者对前人研究结果的不同使用，还可显现作者对以往研究所持的态度。引述语的使用问题已经引起了学界的广泛研究兴趣，人们对引述语的研究一般集中在对引述类型和引述动词的研究。引述类型研究主要分析引述的不同结构，如 Swales（1990）划分了"作者嵌入/非作者嵌入"（integral/non-integral）和"引述动词/非引述动词"（reporting/non-reporting）的形式，Charles（2006）区分了"自我引述句"（self-sourced reports）和"他人引述句"（other-sourced reports）。对引述方式的研究经常体现在对引述动词的研究上，这一方面占据已有引述研究的很大一部分，因为引述动词"构成转述引语最直接的语境，具有预示和支配其意义的功能"（张荣建，2000）。学者们对引述动词在学术语篇中的分类和功能进行了多角度的探索，例如，关于分类，Thompson & Ye（1991）把引述动词分为语篇动词、心理动词和研究动词三类，Hyland（2004）区分了研究动词、认知动词和语篇动词三类，贺灿文和周江林（2001）将其分为现实类、语篇类、思维类和状态类四类；关于功能，Hyland（2004）认为引述动词具有表明作者对所引述的研究者进行定位的语篇功能，唐青叶（2004b）认为引述动词具有传达作者对引述内容和观点的态度和视角的语篇功能，娄宝翠（2011）认为引述动词可用于表达积极、消极或中性的评价意义。

上述两方面的研究构成了引述句研究的主体，关于引述句其他方面的研究尚不多见。引述句除了引述动词和被引述部分外，还包括主语成分。根据 Halliday（1994），小句的主语是表达人际意义的语气结构的重要成分，我们认为对引述句主语成分的分析有助于发现学术语篇中人际意义的体现特点。目前，对于这一成分的专门研究还比较少见，根据对中国知网期刊库以"引述句""转述句"为关键词或主题的检索，仅有武姜生（2010）探索了引述句的主语问题，分析了中国英语专业本科生在英语学术论文写作中所使用的引述句的主语特征，所得出的研究发现对于探讨英语学习者学术写作能力的发展状况具有一定的启示意义。我们拟以此为出发点，通过比较中国英语专业硕士研究生英语学位论文、国际期刊上发表的以英语为母语的研究者的英语学术论文以及国际期刊上发表的以汉语为母语并且来自中国大陆的学者的英语学术论文中的引述句，进一步探索学术语篇中引述句的主语特征及其身份构建功能，不仅揭示不同学术群体通过引述句彰显学术语篇文体特征的异同程度，而且将其与身份研究联系起来，发现不同群体所使用的引述句的主语的特点分别构建了作者何种学术身份，对于语篇的修辞成功与否具有什么样的影响。

关于分析框架，在 Charles（2006）、Hyland & Tse（2005b）、Ivanic（1998）、武姜生（2010）研究的基础上，我们总结出可用于构建作者身份的引述句主语所采用的几种语言手段。我们首先把引述句分为自我引述句和他人引述句两大类。在分析自我引述句中的主语时，首先，考察以"人"（Human）做主语的情况，这种情况下，最明显的是以第一人称代词做主语，如 We、I，然后是自我指代名词做主语，如 the author、the writer、the researcher。其次，考察以"非人"（Non-human）做主语的情况，这种情况下，我们考察三类主语，一类是"研究名词"（research nouns）做主语，"研究名词"指的是表示研究本身、过程、结果和结论的名词，如 the study、the data、the evidence、the result、the analysis、the findings 等涉及论文所报告的研究本身的东西；另一类是"语篇名词"（text nouns）做主语，"语篇

第五章　二语学术论文写作中引述句的主语特征与身份构建 | 77

名词"用来指代部分或整体论文自身,如 this paper、the thesis、Section 1、Chapter 2 等;再一类是 it 结构做主语,如 it is suggested that...、it is certain that... 等。在分析他人引述句中的主语时,仍然首先考察以"人"做主语的情况,这种情况主要指明确以被引述者姓名名词或指人的代词做主语,如 Halliday、Chomsky、he、she、they 等。然后考察以"非人"做主语的情况,这种情况下,我们考察三类情况,一类是泛指他人研究的研究名词做主语,如 the previous studies、some studies 等;另一类是 it 结构做主语,如 it is widely held that...、it is well known that...;再一类是"名物化引述句",在这种情况下,虽然名物化形式不充当主语,但是其后也会引出一个由 that 引导的引述句,例如,在句子 The model works under the assumption that culture, whether large or small, cannot be clearly defined and demarcated 中的 assumption 和其后的 that 从句就构成了一个名物化引述句,虽然 assumption 不做主语,但它是主语意义的补充,同时也是引述能够产生的重要媒介。根据以上分类,我们提出引述句主语特征分析框架,见图 5.1。

```
                           ┌ 第一人称代词
                       ┌ 人┤
                       │   └ 自我指代名词
           ┌ 自我引述句主语┤    ┌ 研究名词
           │           │    │
           │           └ 非人┤ 语篇名词
           │                │
引述句主语┤                └ It 结构
           │
           │           ┌ 人 ⇒ 被引述者姓名名词或代词
           │           │
           └ 他人引述句主语┤    ┌ 泛指他人研究的研究名词
                       │    │
                       └ 非人┤ It 结构
                            │
                            └ 名物化形式
```

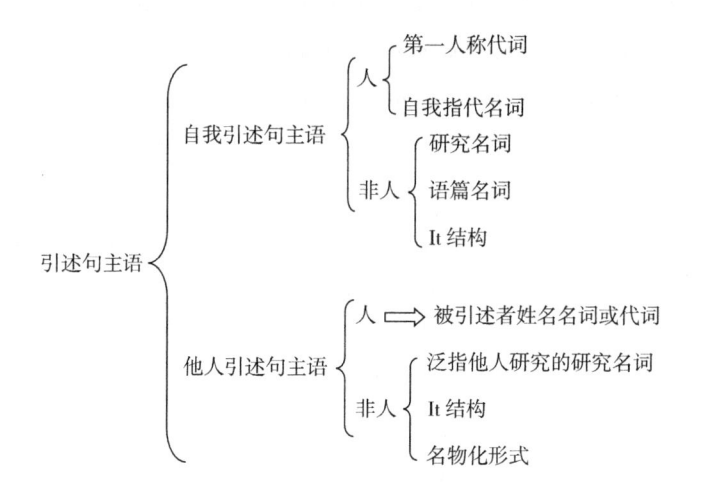

图 5.1　引述句主语特征分析框架

第三节 研究设计

一 语料收集

我们建立了三个学术论文语料库,即英语母语学者的国际期刊发表论文语料库(语料库1)、母语为汉语的中国学者的英语国际期刊发表论文语料库(语料库2)、中国英语专业硕士研究生学位论文语料库(语料库3)。语料库1语料来自 Language Science、Journal of Pragmatics、Applied Linguistics、English for Specific Purposes、TESOL Quarterly、Critical Discourse Studies、Discourse Studies、Journal of Second Language Writing 八种国际核心语言学与应用语言学学科期刊,发表时间在2004—2015年,从中选取30篇,语料总量为204980个词,论文作者均为母语为英语的学者,为了尽量确保所选论文作者的母语为英语,我们与每位作者通过电子邮件取得了联系,对其母语身份背景进行了核实。语料库2语料来自 Linguistics、Language Sciences、Modern Language Quarterly、ELT Journal、Language & Communication、Discourse and Society、Discourse Studies、Journal of Second Language Writing 八种国际核心语言学与应用语言学学科期刊,发表时间在2002—2015年,从中选取30篇,语料总量为169768个词,同时,为了使语料更具有代表性,考虑到海外华人、港澳台中国学者所处的文化和学术语境比较复杂,我们认为在本土工作的国内学者更能代表母语为汉语的学者的英语国际论文发表情况,因此,我们只保留了中国大陆本土学者的论文作为语料库2的研究语料。以上两个语料库所选的论文都只有一个作者。语料库3的语料来自中国知网博硕士论文库中英语专业语言学和应用语言学方向的硕士学位论文,获得学位时间在2010—2015年,从中选取30篇,语料总量为500917个词,论文来源于全国20个高校,尽可能涵盖多种类型的硕士招生学校,以保证较强的代表性。三个语料库中的语料只包括论文正文,摘要、致谢、脚注、尾注、参考文献、附录等不列入语料收集范围,正文中的表格和图也不包括在内。

二 研究步骤

研究分两阶段进行。第一阶段是语料收集和描写阶段。根据上述方法收集语料并建立语料库后,开始对语料进行检索和统计。我们使用的检索工具是 BFSU PowerConc 1.0,统计方法采用 Charles(2006)、Hyland & Tse(2005b)的研究方法,即通过搜索 that 的索引行,先找出引述句,再找出引述句中的主语。虽然可能存在引述句中 that 省略的情况,但已有研究表明包含 that 的转述句是学术写作的常规(Biber et al., 1999; Stubbs, 1996),娄宝翠(2011)、史文霞等(2012)分别对两个高频引述动词 find 和 point out 以及 show 和 find 进行复查检索,发现省略 that 的情况非常少,因此对数据统计不会产生重大影响。软件检索完成之后,回到语料逐条识别转述句及其主语使用情况,将其置于语境中一一进行考查,剔除不相关的数据。我们首先根据研究框架(见图 5.1)对不同类型的引述句主语在三个语料库中的原始频数进行统计,然后,以每万词为单位将其转换成标准频数,报告统计结果,发现三个语料库中引述句主语的分布规律与使用模式,并使用卡方检验分析语料库间引述句主语的使用是否具有显著差异。第二阶段是讨论引述句主语的使用在学术论文中的身份构建作用,并探讨其在三类不同群体作者的学术写作中构建身份的异同。

三 研究问题

具体回答以下三个问题:

(1)英语母语学者、中国学者以及中国英语专业硕士研究生三组不同群体的学术写作者在引述句主语的使用上各有什么特点?

(2)三组不同群体的学术写作中引述句主语使用的特点对于身份构建有什么影响?

(3)三组不同群体的学术写作中身份构建有什么异同?

第四节 研究结果与讨论

一 引述句主语的分布特征

首先,我们考察三组语料中引述的总体频率情况。统计结果表明(见表5.1),三组语料中引述频次最高的是英语母语学者,标准频次达到每万次5.6次,其次是硕士研究生,标准频次达到每万次4.8次,引述程度最低的是中国学者,标准频次为每万次3.6次。在自我引述与他人引述的分布方面,中国学者的自我引述所占百分比最高,占总引述量的58%,其次是中国英语专业硕士研究生,其自我引述占55%,英语母语学者自我引述占47%,但总体来看三组语料中自我引述与他人引述的比例差距不大。

表 5.1　　　　引述在三组语料中的整体分布情况

统计结果 语料类别	自我引述 实际频次	自我引述 标准频次 (每万次)	自我引述 占引述 百分比 (%)	他人引述 实际频次	他人引述 标准频次 (每万次)	他人引述 占引述 百分比 (%)	合计 实际频次	合计 标准频次 (每万次)	合计 占引述 百分比 (%)
英语母语学者	552	2.7	47	612	2.9	53	1164	5.6	100
中国学者	366	2.1	58	261	1.5	42	627	3.6	100
中国英语专业硕士研究生	1326	2.6	55	1098	2.2	45	2424	4.8	100

然后,我们考察三组语料在自我引述方面主语的分布情况。根据表5.2的统计,在"人"与"非人"主语分布方面来看,三组语料统计都显示以"非人"做主语的比例均高于以"人"做主语的情况。我们再分别观察以"人"和"非人"做主语的情况。在以"人"为主语的情况中,英语母语学者使用最多,占自我引述的35%,其次是硕士研究生,占自我引述的29%,中国学者最低,占自我引述的21%。在以"人"为主语的情况下,三组语料中第一人称代词的使用都占绝对比

例，其中使用最高的是英语母语学者，占其自我引述的35%，其次是硕士研究生，占其自我引述的25%，中国学者最低，占其自我引述的20%。自我指代名词的使用所占比例非常低，三组语料均不到5%。

表 5.2 自我引述各主语类型在三组语料中的分布情况

自我引述类别		英语母语学者			中国学者			中国英语专业硕士研究生		
	统计结果	实际频次	标准频次（每万次）	占自我引述百分比（%）	实际频次	标准频次（每万次）	占自我引述百分比（%）	实际频次	标准频次（每万次）	占自我引述百分比（%）
人	第一人称代词	192	0.90	35	75	0.40	20	333	0.60	25
	自我指代名词	3	0.01	0.5	3	0.01	0.8	48	0.10	4
	合计	195	0.90	35	78	0.40	21	381	0.70	29
非人	研究名词	114	0.60	21	159	0.90	44	249	0.40	19
	语篇名词	6	0.02	1.1	12	0.10	3.3	45	0.10	3.4
	it 结构	237	1.10	43	117	0.60	32	651	1.20	49
	合计	357	1.70	65	288	1.60	79	945	1.80	71

观察以"非人"为主语的情况，我们可以看出，中国学者使用此类主语比例最高，占其自我引述的79%，其次是中国英语专业硕士研究生，占其自我引述的71%，英语母语学者最低，占其自我引述的65%。在三种"非人"主语中，it 结构的使用比较突出，在中国英语专业硕士研究生和英语母语学者语料中都占其自我引述的最大比例，所占比例分别为49%和43%。在中国学者语料中，"非人"主语使用最多的是研究名词，占其自我引述的44%，其次是 it 结构。三组语料均显示使用最少的"非人"主语是语篇名词，均不到5%，最低的是英语母语学者语料，中国学者和中国英语专业硕士研究生语料使用比例相同。

最后，我们考察三组语料在他人引述方面主语类型的分布情况。根据表5.3的统计，以"人"为主语的情况在三组语料中的比例均高于以"非人"做主语的情况，其中中国英语专业硕士研究生群体比例最高，占其他人引述的67%，其次是中国学者群体，占其他人引述的56%，英语母语学者与其相当，占其他人引述的55%。在"非人"做主语的情况中，使用比例最高的是泛指他人研究的研究名词，中国英语专业硕士研究生最高，占其他人引述的27%，其次是中国学者，占其他人引述的25%，英语母语学者最低，占其他人引述的22%。在名物化形式的使用方面，英语母语学者较为突出，使用比例远高于中国英语专业硕士研究生和中国学者两群体。it结构使用在三组语料中所占比例不高，其中中国英语专业硕士研究生最低，仅占其他人引述的2.5%，其次是英语母语学者，占其他人引述的6.4%，中国学者群高于前两组，使用比例为14%。

表5.3　他人引述各主语类型在三组语料中的分布情况

自我引述类别	统计结果	英语母语学者 实际频次	英语母语学者 标准频次（每万次）	英语母语学者 占他人引述百分比（%）	中国学者 实际频次	中国学者 标准频次（每万次）	中国学者 占他人引述百分比（%）	中国英语专业硕士研究生 实际频次	中国英语专业硕士研究生 标准频次（每万次）	中国英语专业硕士研究生 占他人引述百分比（%）
人		339	1.6	55	147	0.8	56	741	1.4	67
非人	泛指他人研究名词	132	0.6	22	66	0.3	25	291	0.5	27
非人	it结构	39	0.2	6.4	36	0.2	14	27	0.1	2.5
非人	名物化形式	102	0.5	17	12	0.1	5	39	0.1	3.5
合计		273	1.3	45	114	0.6	44	357	0.7	33

二　引述句主语的身份构建功能

统计发现，英语母语学者引述频次最高，说明英语母语学者通过引用展示自己对所述研究领域的熟悉程度，从而彰显自己隶属于某一研究社区的学术身份。硕士研究生的引述总体频率低于英语母语学者，两者之间存在显著差异（$\chi^2 = 20.10$，$p<0.000$），但高于中国学者，两者之间也存在显著差异（$\chi^2 = 36.51$，$p<0.000$），引用最低的群体是中国学者。这似乎说明相比较于西方学术传统，中国学术研究不够重视引用他人的研究成果来说明自己的观点，在文献综述方面明显少于西方学者，不太注意构建自己属于某一学术圈的学术身份。中国英语专业硕士研究生的总体引用要高于中国学者，说明相比较于本科阶段，处于学徒期的硕士阶段是学术阅读量陡增的时期，因此，在

第五章 二语学术论文写作中引述句的主语特征与身份构建

写作中一方面试图展示自己对本领域文献的熟悉程度，特别是在学位论文写作中，基本都有单独的文献回顾一章，相比较于期刊论文写作，这一部分似乎更加重要和必不可少，因此，引用量增加也是自然的；另一方面，作为学术新手，年轻的硕士研究生也试图通过大量引用他人观点来增加自己观点的可信性，这有利于逐渐培养自己的学术自信，建构其学术身份。

在自我引述与他人引述的分布方面，中国学者的自我引述所占百分比最高，其次是中国英语专业硕士研究生，英语母语学者最低。这和总体引述频率的结果和分析是一致的，中国学者更少引用他人观点和研究结果，相比较于英语母语学者不够重视隶属于某一学术社区的学术身份构建，中国英语专业硕士研究生介于中间，这和他们的学生身份一致，他们正处于努力进入学术圈门槛的阶段，因此，比中国学者更加重视学术身份的构建，但还不能达到像成熟的英语母语学者那样的老练程度，不过，其构建学术身份的强烈意识是显而易见的。

从自我引述方面主语类型的分布情况来看，三组语料统计都显示以"非人"做主语的比例均高于以"人"做主语的情况，这符合学术论文语体尽量客观的要求。不过，三组语料还是存在一些差别，在以"人"为主语的情况中，英语母语学者使用最多，其次是中国英语专业硕士研究生，中国学者最低。这说明英语母语学者更趋向于突出自己的研究，作为独立研究者的自我学术身份意识更强烈，中国学者则更多使用"非人"主语，尽量避免使用自我身份明显的主语，说明中国学者更希望隐藏自己作为研究者和观点持有者的学术身份。中国英语专业硕士研究生由于处于学术起步阶段，试图努力模仿成熟英语母语学者的写作风格，其自我学术身份构建意识相比较于中国学者更加强烈，因此，以"人"作为主语的使用情况也会增多一些。进一步观察所得数据，我们会发现在以"人"做主语时，三个群体都更频繁使用第一人称代词，使用频率最高的是英语母语学者，其次是中国英语专业硕士研究生，中国学者最低。第一人称代词做主语的情况主要是用来描述研究结果和阐释作者观点，能够明确表露作者的身份和态度，直接体现作者的权威感和自信心，突出作者强烈的研究者和观点持有者的学术身份意识。英语母语学者在这一点上非常明显，而且，根据对语料的观察，我们发现英语母语学者所使用的第一人称代词绝大部分是单数第一人称代词 I，这有助于最大限度地促进自我参与，强化作者的角色，是作者表达观点的最典型方式，凸显了研究者个体在研究过程中不可或缺的重要作用，展现了研究者的专业身份和贡献。硕士研究生对第一人称代词的使用低于英语母语学者，两者之间存在显著差异（$X^2 = 14.10$, $p<0.000$），这说明作为学术新手的中国英语专业硕士研究生在学术自信方面远不及成熟的英语母语学者，并且，根据对语料的观察，我们发现中国英语专业硕士研究生所使用的第一人称代词绝大部分是复数第一人称代词 we，这与英语母语学者形成了鲜明的对照，除此之外，值得一提的是虽然自我指代名词的使用比例在三个语料库中都很低，但中国英语专业硕士研究生对其使用比例要高于英语母语学者和中国学者，他们会间或使用 the author 或 the writer 来替代使用 we，不论是复数第一人称代词，还是自我指代名词，都能够暗示研究的客观性，说明中国英语专业硕士研究生群体希望表明自己的研究是客观的、值得信赖的，但在另一方面，它们也能弱化作者在研究过程中的作用，说明中国英语专业硕士研究生群体的学术自信意识不够强，试图尽量隐藏自己作为一个个体的研究者身份，并避免承担相应的学术责任。当然，这也可能与国内英语学术写作教学的要求有关，比如在论文中避免使用 I，取而代之使用 we 或者 the author 等自我指代名词，以避免过于主观的嫌疑。中国学者在第一人称代词的使用方面，不仅远低于英语母语学者，两者之间存在显著差异（$X^2 = 31.25$, $p<0.000$），也低于中国英语专业硕士研究生，两者之间也存在显著差异（$X^2 = 10.00$, $p = 0.001<0.05$）。这可能与中国传统更崇尚集体归属与隐藏个体身份有一定的关系，似乎不希望凸显自己作为个体研究者的学术身份，而更愿意构建一个集体身份或者抽象身份。这一点充分表现在中国学者对研究名词的使用上，他们更愿意使用诸如 the study、the research 一类的研究名词来替代第一人称代词和自我指代名词，起到弱化作者身份的作用，可见，在中国学者的学术写作中，作者的自我学术身份是尽力被抑制的，作者与表述观点相间

离，凸显的是研究的客观性。

在自我引述以"非人"做主语时，中国英语专业硕士研究生和英语母语学者使用最多的是 it 结构，两者的使用频率不存在显著差异（$\chi^2 = 2.26$，$p = 0.132 > 0.05$），it 结构的使用有助于加强表达的客观性，读者所看到的更多的是观点，而不是作者本人，因而在一定程度上模糊了论文中的"作者能见度"（Charles，2006；Hyland，2002），是学术写作的一种常见结构。虽然中国英语专业硕士研究生和英语母语学者在自我引述时所使用的 it 结构比较接近，不存在显著差异，但观察语料发现，中国英语专业硕士研究生的 it 结构相比较于英语母语学者存在搭配单调、不够礼貌和非正式的问题。中国英语专业硕士研究生使用最多的 it 结构包括：it is clear/certain/obvious/apparent/true/well-known/showed that...、it can be seen that... 等，这些结构比英语母语学者所常使用的 it could be argued/assumed/that... 以及 it may be suggested that... 等结构显得口气过于绝对，不够缓和与礼貌，说明中国英语专业硕士研究生虽然试图通过模仿英语母语学者使用较多的 it 结构来加强研究的客观性，但在语气的把握上还不够到位，中国英语专业硕士研究生的学术身份还需要更多的历练，才能习得学术规约，融入学术社团中。在"非人"主语中，中国学者使用最多的不是 it 结构，而是研究名词，如前所述，研究名词具有使表达更加客观的作用，作者身份是隐形的，突出了以"研究事实说话"的特点，说明中国学者更愿意构建客观可信的学术身份。

从他人引述方面主语的分布情况来看，三组语料统计都显示以"人"做主语的比例均高于以"非人"做主语的情况。以"人"做主语主要用于直接或间接转述他人话语或观点，常用被引述者的姓名名词或其代词做主语，其本身的指代意义明确。在三组语料中，中国英语专业硕士研究生使用该类主语比例最高，但与英语母语学者相比，两者之间不存在显著差异（$\chi^2 = 2.85$，$p = 0.091 > 0.05$），与中国学者相比，两者之间存在显著差异（$\chi^2 = 35.61$，$p < 0.000$）。这说明中国英语专业硕士研究生和英语母语学者都特别重视将自己的研究置于学术圈中，通过呈现自己与他人研究的关联性，来彰显自己"恰当的圈

内人"形象，学术身份构建意识比较强烈。尤其是对于中国英语专业硕士研究生来说，由于在硕士阶段一项主要的学术训练方式就是文献阅读和评述，这使他们的阅读量比较集中，另外，学位论文对参考文献的要求也有一些默认的规定，加之语言学与应用语言学类学位论文一般都有明确的文献回顾一章，通过考查语料，我们也可以发现中国英语专业硕士研究生论文大部分引述发生在文献回顾一章，这是新手学者试图展示对学科语境的熟悉以及对社团知识的适应的重要手段，这也是他们使用此类主语比例较高的原因之一。中国学者使用这一类引述主语比例最低，其原因正如前文所述，相比较于西方学者，中国学术传统不太重视引用学术圈内同行观点来佐证或者支持自己的观点，以此途径来构建学术身份的意识不太强烈，因此，中国学者的整体引用率最低，特别是在他人引述中的以"人"做主语方面，与英语母语学者和中国英语专业硕士研究生相比都存在显著差异。

在以"非人"做主语的情况方面，在三组语料中，泛指他人研究名词均占最高比例，中国英语专业硕士研究生使用比例最高，英语母语学者使用标准频次最高，但两者之间不存在显著差异（$x^2=0.86$，$p=0.353>0.05$），中国学者使用标准频次最低，与英语母语学者和中国英语专业硕士研究生相比均存在显著差异。这与以"人"做主语的他人引述情况是一致的，泛指他人研究虽然引用所指不够明确，但也在某种程度上能够显现作者对该领域学术圈内研究状况的熟悉程度，将自己的研究置于某一学术团体之中，因而，隶属于某一领域研究群体的学术身份就比较容易被读者所接受和认同。

在其他两类"非人"主语中，中国学者使用 it 结构比较突出，英语母语学者使用名物化形式比较突出，中国英语专业硕士研究生在这两类主语的使用上皆处于最低状态。这两类主语的使用具有增强表达的客观性的特点，同时也可以增加写作中句型的丰富性，增强语篇的可读性，提升作者的语言表达水平。在这一方面，中国英语专业硕士研究生明显不够成熟，其引述形式过于单一，缺少变化。虽然他们试图努力构建自己的学者形象，但在写作上明显不如英语母语学者和中国学者熟练自如。

第五节 小结

　　本章采用语料对比的方法，分析了英语母语学者、母语为汉语的中国学者以及中国英语专业硕士研究生英语学术论文写作中引述句主语的特征及其对身份构建的影响。通过研究，我们发现三组不同群体在引述句主语的使用上存在一定的跨文化差异，这对其身份构建产生了较大的影响，因而，三个群体构建的身份也有所不同。英语母语学者最为注重构建自信的、属于某一学术团体的学术身份，在展示自己的观点和与圈内其他学者的互动意识方面更加强烈，语言使用形式也较多样化，显示了作为一个成熟学者的专业身份构建意识和语言写作水平，因此，无论在自我观点的表达、建立与社团成员的联系，还是在写作水平方面，均构建了成熟学者的身份形象。中国学者受中国文化和学术传统的影响，在自我观点表达以及学术话语圈内人际互动意识不够强烈，表现出的作者参与度不高，更趋向于构建客观的、疏离的学术身份形象。中国英语专业硕士研究生介于两者之间，他们一方面在学术话语圈内人际互动意识比中国学者强烈，另一方面在观点表达的自信程度上不如英语母语学者，同时在学术写作水平上均不如英语母语学者和中国学者，可以看出，他们试图努力构建自己崭新的学术身份，但由于处于新手阶段，还存在一些明显的不足。

　　本章从引述句主语方面这一相对较新的角度对学术身份构建进行了初步的基于语料的分析，研究表明，引述句主语是作者构建其学术身份的重要语言资源。后续研究可以考察引述句主语在论文的综述、方法、结果和讨论等不同部分的分布特征及其对论文作者学术身份构建的影响，以进一步加深我们对学术写作中体现身份意识的语用修辞策略的了解。上述研究支持了笔者在本章引言中所提出的观点，即语言使用并非只是文体上的选择，还是构建身份的策略，恰当的语言选择能帮助作者树立在相关研究领域中的身份和地位。这一研究发现对学术论文写作教学有一定的启示。

第六章　二语学术书评写作中的言据性与身份构建[①]

第一节　引言

言据性（evidentiality）是近年来语言学领域的热门研究话题，它可明示语篇信息来源和作者对信息可靠程度的判断及其态度，因而是辅佐语篇观点表达、提高修辞劝说力的重要语言表征。然而，学术书评语篇中的言据性现象还未引起学界的足够关注。实际上，在评价性很强的书评语篇中，作者可以通过言据性修辞策略合理布局语篇的信息安排，呈现自己的评价态度，加强与所评著作作者和读者的互动和协商，提高书评的表述与评价质量，并在推介与评判著作之间取得平衡，构建恰当的评价身份，达到书评语篇的修辞目的。同时，我们认为，书评写作在某种程度上会受到作者所处的民族文化和学术文化背景的影响，势必会影响其评价态度，进而影响其对评价策略的选择以及对评价身份的构建。

本章旨在对比中外英语学术书评作者如何通过言据性编码信息来源、构建多元互文对话、表达评价态度以及构建评价身份，试图为言据性研究、身份研究、跨文化修辞学研究和英语书评写作提供实证依据和教学启示。

---

① 本章在鞠玉梅（2023）的基础上修改完成。

第二节 研究背景

言据性源自人类对于真理相对性的认识。这种认识在语言中可通过一定的语言标记表现出来，表明发话者对所述话语的肯定、不太肯定和可能性的不同认识。例如，"我昨天看见他在 301 教室上课"，命题信息源自说话人的感官体验；"明天可能会下雨"，这是说话人的主观推断；"教务处通知说第十七周停课"，这是对他人话语的转述，"我认为他这么干毫无道理"，这表明了说话人的主观信念，是对所言的态度和评价，这就是言据性。

言据性的语言表征常称作据素（evidentials/evidential markers），具体表现为词汇、语法手段。在言语交际中，作者首先通过自己的认知对信息来源及获取方式进行评估，然后选择相应的据素来编码信息。语篇建构并不是信息的简单排列组合，在一定语境下，作者会根据交际意图、修辞目的以及修辞情境等因素选择据素，在同一信息的多个来源中选择最恰当的据素进行编码，使之有效地服务于作者中心观点以及立场和态度的表达，并在交际参与者之间建立起互动沟通的平台，为语篇整体说服力的达成奠定基础。言据性反映了作者对经验的重新构建，体现了语篇的动态性和构建性。

以往国内外学者对言据性的研究主要集中在两方面。一方面是对言据性进行定义和范畴分类（Aikhenvald，2004；Brugman & Macaulay，2015；Chafe，1986；Kwon，2018；Tournadre & LaPolla，2014；Willett，1988；房红梅、马玉蕾，2008；胡壮麟，1994）；另一方面是考察言据性在不同语类语篇中的作用和功能（Hsien，2008；Marin Arrese，2015；Mushin，2001；Myketiak et al.，2017；Shokouhi et al.，2015；陈征，2016；陈征、俞东明，2017；赖良涛，2018；刘智俊，2021；汤斌，2007；王国凤、喻旭燕，2011；杨林秀，2009，2015；俞碧芳，2015；张云玲，2016），尤其是随着功能语言学的发展，这一方面的研究增长迅猛。通过对以往文献的检索数据显示，对言据性所展开的语篇分析主要集中在学术语篇与新闻语篇两个语类中,其他语类的语篇涉及很少。而在学术语篇中,学术论文又是研究者关注最多的亚类型语篇,学者们从众多不同的角度对学术论文的言据性特质进行了探索。这些研究有效地推动了学界对言据性的认识。然而,目前还少有学者研究学术书评这一学术语篇亚类别中的言据性。众所周知,书评在知识的传播中起着重要的作用,是研究者学习与评价他人生产的知识的重要途径,它与学术论文一样也是知识生产链上的重要一环,因此是学术期刊中除了论文以外的另外一个重要栏目,是进行学术交流的必要工具。但相比较于学术论文研究,学界对书评这一语篇类型的关注和研究还远远不够,语言学界仅有的少量书评研究主要集中在运用体裁理论对书评体裁结构和特征的研究(Yankova,2006;唐丽萍,2004;唐青叶,2004a)、运用评价理论对书评评价系统的研究(陈令君,2010,2012;蓝小燕,2011;唐丽萍,2005;姚银燕、陈晓燕,2012;赵文超,2014)、运用功能语言学的人际意义理论对书评人际功能的研究(Bal-Gezegin,2016;辛志英、黄国文,2010)以及运用语用学的礼貌原则对书评的语用功能的研究(柳淑芬,2012),研究视野相对集中,还不够多样化。我们认为,有必要从多视角加强对书评语篇的研究。以往学术书评研究也包括对比研究,主要是对两种不同语言的书评的对比研究(Bondi,2009;Itakura,2013;Itakura & Tsui,2011;Junqueira,2013;Moreno & Suárez,2008,2009;Salager-Meyer & Alcaraz Ariza,2004;Suárez & Moreno,2008;李经纬,1996;柳淑芬,2005;王红阳、程春松,2008;周惠、刘永兵,2015),也有对不同学科书评的对比研究(Diani,2009),以及结合学科与性别的对比研究(Tse & Hyland,2009),但对英语二语与母语书评写作的对比研究还不常见,我们认为,有必要拓展对比研究的维度。

  身份研究一直是近年来社会语言学研究的热点问题,伴随着身份研究的话语转向(discursive turn)(Benwell & Stokoe,2006:4),学界已较普遍接受基于社会建构主义(social constructionism)的身份观,认为身份"是在交往中通过话语动态、积极、在线建构的"(陈新仁,2014:702)。因此,学者们常关注语篇中某种语言现象的身份构建作用。学术语篇中的作者身份构建是身份研究的热门领域之一，主要探究作者身份构建的话语策略，认为"学术语篇作者通过各种话语策略在学术社区内对自我身份进行协商"（Ivanič，1998：329）。对第一人称代词的身份构建作用研究成果最为丰富（Harwood，2005b；Hyland，2002；Kuo，1999；Luzón，2009；Tang & John，1999；高霞，2015；黄大网等，2008；吴春晓，2015）。除此之外，对其他语言资源的身份构建作用也逐渐有所涉及，例如自称语（柳淑芬，2011；吴格奇，2013）、学术语块（徐昉，2011）、介入资源（Hu & Wang，2014）、言据性资源（杨林秀，2015）、引述句主语（鞠玉梅，2016）等。然而，大部分研究主要聚焦于学术论文语篇的身份构建，对其他类型的学术语篇涉及较少，对学术书评语篇的身份构建研究更为鲜见。我们认为，书评语篇因需要在作者、读者和原书作者三方之间建立联系和互动，同时兼有介绍和评价的双重写作目的，更需处处定位好自己的写作身份，因而比一般学术论文的作者身份更为多元和复杂。作者因此势必调动多种话语资源以构建和协调身份，言据性因其具有给出引证的理据、做出推断和主观评测等多种功能，有助于书评作者构建多元身份以实现写作目的。因此，有必要对其展开研究。

本章对比分析中国学者和英语母语学者在国际语言学与应用语言学类期刊上发表的学术书评，通过自建语料库探索两组学者学术书评中言据性资源的使用情况以及身份构建特征。具体研究问题如下：

（1）在英语学术书评语篇中，中外作者的言据性据素使用特征如何？两者有何异同？

（2）在英语学术书评语篇中，中外作者的言据性构建的身份特征如何？两者有何异同？

第三节　研究设计

一　研究语料

本研究的对比语料选自国际语言学与应用语言学类英语期刊在

2012—2017 年发表的书评 60 篇，共 73360 个词。其中 30 篇为中国学者所作，共 33467 个词，另外 30 篇为英语母语学者所作，共 39893 个词。所选取的英语期刊包括 *Applied Linguistics*、*Journal of Pragmatics*、*Journal of Second Language Writing*、*Discourse Studies*、*Discourse and Society*、*Journal of English for Academic Purposes* 六种较有影响力的国际期刊。所选语料的平均长度基本相等，其中中国作者的书评文章平均长度为 1115 个词，英语母语作者的书评文章平均长度为 1329 个词，可以避免所比语料语篇的长度差异给对比结果带来的影响。

二 分析框架

关于言据性据素的分类前人有众多不同的分类方法（Aikhenvald, 2004；Chafe, 1986；Hsien, 2008；Shokouhi et al., 2015；Willett, 1988；陈征、俞东明, 2017；胡壮麟, 1994, 1995；李健雪, 2007；刘盛华、徐锦芬, 2017；罗桂花、廖美珍, 2013；齐振海、晋小涵, 2015；冉永平、杨娜, 2016；王国凤、喻旭燕, 2011；杨林秀, 2009, 2015；俞碧芳, 2015），虽然所区分的类型数量和名称各有不同，但基本囊括了四类据素，即感官、转述、推断和信念，这四类据素在众多分类中出现的比例较高，故我们拟以此四类据素类型为基本分类框架，结合书评语料，拟定其功能和典型语言呈现方式，作为统计书评据素的依据见表 6.1。

表 6.1　　言据性据素的分析框架

分类	功能	典型语言呈现方式	示例
感官据素	提供感观证据	视觉动词+that	I/we see that..., it can be seen that..., as seen above
转述据素	给出引证的理据	括号引用	(X, 2016)
		转述动词+that	X argued, emphasized, reported, said... that...
		介词短语	according to X, in X's view/opinion
		名词+that	the fact, observation, agreement, finding, view, claim+that...
		it 从句	it has been argued/suggested that...

续表

分类	功能	典型语言呈现方式	示例
推断据素	判断某事件是否可证	认知情态动词	must, should, can, could, may, might, will, would
		情态副词	possibly, certainly, perhaps, maybe, seemingly
		it 从句	it is obvious/evident/possible/clear that..., it can be concluded that...
		名词	possibility, certainty
		Seem 类系动词	seem to, appear to, it seems that...
信念据素	做出想象或主观臆测	第一人称代词+心理动词	I/we think, believe, propose, claim, assume, we take the view that...
		it 从句	it can/might be argued that...
		介词短语	in my (our) opinion/view, as far as I am concerned, to my knowledge
		心理名词+that	my view is that...
		副词	arguably, admittedly

三 分析步骤

首先，删除书评标题、参考文献，并分别对语料编号，建成两个小型语料库。其次，使用 AntConc 3.4.4 软件结合手动排查，将语料中所有的据素进行标注。排查时，结合语境判断据素，因为有些据素存在多义的情况（徐昉、龚晶，2014）。必要时，邀请项目组成员共同讨论。最后，计算出各个语料库中学术书评四种言据性据素的千词频次。

第四节 研究结果

经过对语料中据素使用情况进行标注和检索统计（见表6.2），我们可以看出，整体来看，据素在两组语料中均较频繁使用，中国作者语料中出现的各类据素共617个，每千词18.43个；英语母语作者语料中出现的各类据素共762个，每千词19.10个。统计还发现两组作者语料中均出现了感官、转述、推断和信念四类据素，且这四类据素出现的频率均由高到低依次为转述>推断>信念>感官。虽然，两组语料在据素使用多少上的排序一致，但是各类据素所占的比重分配差异还是很大的。中国作者的据素使用过度集中在转述据素上，比例高达73.42%，远远高于其他三类据素，尤其是信念和感官据素，这两类据素的使用均不足1%，几乎可以忽略不计。相比较而言，英语母语作者的四类据素使用相对来说更为均衡，转述和推断据素使用频率接近，分别为53.15%和40.95%，信念据素的使用比例也多于中国作者。

表 6.2　　语料库中各类据素使用统计结果

据素类型	统计结果	中国作者 实际频次	中国作者 标准频次	中国作者 占据素百分比(%)	英语母语作者 实际频次	英语母语作者 标准频次	英语母语作者 占据素百分比(%)
感官据素		3	0.09	0.49	13	0.32	1.71
转述据素	括号引用	285	8.51	46.19	213	5.34	27.95
	转述动词+that	153	4.57	24.79	150	3.76	19.69
	介词短语	3	0.09	0.49	2	0.05	0.26
	名词+that	3	0.09	0.49	24	0.60	3.15
	it 从句	9	0.27	1.46	3	0.08	0.39
	小计	453	13.53	73.42	392	9.83	53.15
推断据素	认知情态动词	129	3.85	20.91	225	5.64	29.53
	情态副词	15	0.45	2.43	39	0.98	5.12
	it 从句	3	0.09	0.49	18	0.45	2.36
	名词	0	0	0	0	0	0
	Seem 类系动词	8	0.24	1.30	30	0.75	3.94
	小计	155	4.63	25.13	312	7.82	40.95
信念据素	第一人称代词+心理动词	1	0.03	0.16	15	0.38	1.97
	it 从句	1	0.03	0.16	0	0	0
	介词短语	2	0.06	0.32	0	0	0
	心理名词+that	0	0	0	3	0.07	0.39
	副词	2	0.06	0.32	27	0.68	3.54
	小计	6	0.18	0.96	45	1.13	5.90
总计		617	18.43	100	762	19.10	100

仔细观察四类据素之下的具体据素使用细节后，可以看出两组语料呈现出的更细致的差异。在转述据素方面，两组语料使用最多的据素均为括号引用，其次为转述动词+that，在其他三个细节上，英语母语作者用得较多的是名词+that结构，中国作者用得较多的是it从句。在推断据素的使用上，两组语料均为对认知情态动词使用最多，其次为情态副词和seem类系动词。在信念据素的使用上，中国作者在各个小类别的使用上都较少，英语母语作者用得较多的是副词，其次是第一人称代词+心理动词。

为进一步检验两组语料中据素使用手段是否有显著性差异，我们用对数似然率检验对据素总体、四大类据素以及每一类中各小类的数据进行了检验处理和分析，结果见表6.3。

表6.3　语料库中据素使用频率对数似然率检验结果

据素类型		统计结果	中国作者	英语母语作者	对数似然值	p值
据素总体			617	762	-0.428	0.512
感官据素			3	13	-5.105	0.023
转述据素		括号引用	285	213	26.928	0.000
		转述动词+that	153	150	2.890	0.089
		介词短语	3	2	0.415	0.519
		名词+that	3	24	-15.112	0.000
		it从句	9	3	4.285	0.038
		总计	453	392	21.630	0.000
推断据素		认知情态动词	129	225	-15.112	0.000
		情态副词	15	39	-7.249	0.007
		it从句	3	18	-9.414	0.002
		名词	0	0	0.000	1.000
		Seem类系动词	8	30	-9.994	0.001
		总计	155	312	-29.845	0.000
信念据素		第一人称代词+心理动词	1	15	-13.363	0.000
		it从句	1	0	1.569	0.210

续表

据素类型	统计结果	中国作者	英语母语作者	对数似然值	p值
信念据素	介词短语	2	0	3.139	0.076
	心理名词+that	0	3	-3.655	0.055
	副词	2	27	-21.479	0.000
	总计	6	45	-27.298	0.000

根据表6.3，对据素整体检验结果表明，两个语料库中据素整体使用不存在显著差异（p=0.512>0.05）。对四大类据素的检验结果表明，两个语料库在这四类据素的使用上均存在显著差异，特别是在转述、推断和信念三类据素的使用上差异尤其显著，其中在转述据素方面，中国作者显著多于英语母语作者（p=0.000<0.05），其他三类据素均为中国作者显著少于英语母语作者，尤其表现在推断和信念据素（p=0.000<0.05）的使用上。对四大类中各小类据素的使用频率进行检验，发现两个语料库在诸多细节方面存在显著差异，转述据素之下的括号引用、名词+that 和 it 从句三小类存在显著差异，中国学者在括号引用上显著多于英语母语作者（p=0.000<0.05），在 it 从句上较显著多于英语母语作者（p=0.038<0.05），在名词+that 方面显著少于英语母语作者（p=0.000<0.05）；在推断据素之下的认知情态动词、情态副词、it 从句和 seem 类系动词上存在显著差异，中国学者在这四个方面的使用均显著少于英语母语作者，尤其是在认知情态动词的使用上表现尤为显著（p=0.000<0.05）；在信念据素之下的第一人称代词+心理动词和副词的使用上存在显著差异，均为中国作者的使用显著少于英语母语作者（p=0.000<0.05），两者在心理名词+that 据素的使用上接近临界显著（p=0.055），中国作者略少于英语母语作者。

第五节 结果讨论

从总体研究结果来看，无论是中国作者还是英语母语作者都使用了较丰富的言据性据素，在据素总体使用频率上不存在显著差异，说明两组作者具有相似的据素使用意识和实践，均意识到言据性"体现了学术共同体的交流规则，即约定的学术研究规范和语言展示形式，合理运用言据性既体现了对学术研究规范的尊重和灵活运用，同时也是构建学术身份的一种重要手段"（陈征、俞东明，2017：775）。研究结果表明，据素的使用对"构建专业的作者身份以及对学科熟悉的文本"（Hyland，2004：142）具有重要的作用。两组作者通过据素构建了著作介绍者和评价者的身份，但在介绍与评价的身份分配比重上存在差异。以下我们将重点探讨两者之间身份构建的差异性。

通过对四大类据素的使用进行对比，我们可以发现，中国作者比英语母语作者使用了更多的转述据素，而在推断和信念以及感官据素的使用上则显著少于英语母语作者。这似乎说明中国作者在对著作的介绍上用力较多，介绍者的身份更为凸显，评价者的身份则不够饱满。

转述据素表示对信息来源的转引。在书评语篇中，主要是用于转述原书作者或其他学者及学界的观点，较少涉及作者本人的观点。作者倾向于列举他人研究，将语篇视为对知识的客观陈述，更加关注信息的可靠性，避免个人态度的显现。从转述据素的细节使用上，可以发现中国作者用了更多的括号引用，所占比例最高。这种方式可在较大程度上提高信息的可靠性程度，因为"认识的来源暗示着可靠性"（Chafe，1986：266）。观察语料发现，中国作者的括号引用主要出现在书评的概述语步，用以对著作内容与著者观点的介绍。除此之外，中国作者还使用了较多的 it 从句被动结构，这一结构可以在较大程度上避免作者主观观点的介入，给人以客观陈述著者或学界观点的感觉，主观性得到了减弱，体现作者对客观性立场的构建，从而隐蔽了作者自己的著作评价者身份。例如下面选自语料的例子：

（1）Consisting of 12 chapters, it is broadly sequenced based on the concept of experiential mode continuum (Martin, 1984), which argues that the function of language ranges from action to reflection.（中国作者语料库）

（2）It has long been noted that the expansion of the social base of literacy is crucial for development.（中国作者语料库）

以上例（1）与例（2）通过括号直接引用和 it 从句被动结构直接阐明他人观点，对其不做诠释，建构了一定程度上的中立、客观的立场，充分体现了书评文体的基本特征，即对著作内容和观点的介绍，尤其是在概述语步。

与中国作者不同的是，英语母语作者的转述据素总体用的比中国作者少，并且在转述据素之下的括号引用和 it 从句上比中国作者少，但在另一个方面即名词+that 结构上显著多于中国作者。在这一结构中，通过选择不同的名词如 fact、agreement、claim 等可凸显作者的态度和立场，有助于加强作者的评价者身份。此类名词常被学界称作"外壳名词"（shell nouns），其所具有的评价潜能已为众多先前研究（如 Charles，2007；姜峰，2016）所证实。例如下面选自语料的例子：

（3）Whether this disclosure substantiates or complicates his claim later in the same chapter that games like this help us develop the capacity for "actions that we hope will make us and our world better"（p. 84）might depend on one's life experience or worldview.（英语母语作者语料库）

在例（3）的名词+that 结构中，由于使用了带有鲜明态度体现的名词 claim，作者的主观性得以加强，其评价姿态被突出，在介绍著作观点的同时，不再置身其外，也对其进行了评价，评价者与介绍者的身份平分秋色。

在推断据素的使用方面，英语母语作者无论是从整体还是其下的各小类上都显著多于中国作者。推断据素的主要功能在于表达对事实的状况及可能性的判断，因此它所凸显的是作者的态度和立场，显现作者对所评著作的判断，因而能够加强作者的评价者身份。推断据素之下的认知情态动词通过选择不同的情态动词可以显示作者对所评著作持有的不同信念，如 must 说明态度更加肯定，might 则说明作者对自己所说的话并没有多大的把握，读者可从其选择的认知情态动词上揣测出作者对所评著作的态度。情态副词的选择，如作者是用了 certainly 还是用了 seemingly，都可以呈现作者对著作的推荐程度，评价者的身份也就得到了凸显。it 从句通过选择 that 之前不同的形容词，如 possible 或 important 等，也同样能够说明作者对 that 之后所作陈述的把握程度，作者的态度也同样能为读者所领会，因此评价者的身份也随之得以构建。同样的，seem 类系动词通过使用 seem 或 appear 减弱作者对所做陈述的肯定程度，从而也能够凸显作者的态度，评价者的身份也就得到了加强。例如下面选自语料的例子：

（4）This book may prove useful especially to those attempting to disentangle or synthesize Marxian and Foucauldian perspectives on the topic, although at times the reader may wonder how exactly Springer's view of hegemony and governmentality differ at all. （英语母语作者语料库）

（5）Given the seemingly unwary use of VARBRUL in previous variationist quotative studies, this is only timely. （英语母语作者语料库）

（6）It is important to note that the book sets out the perspective of the analysts, rather than the eventual users of the research. （英语母语作者语料库）

（7）While it is certainly the case that the author adds her voice to the ongoing discourse in literacy as cultural or social practice (Street, 1995), it appears that her work offers little to research in new literacy practices. （英语母语作者语料库）

以上例句中，作者采用认知情态动词 may、情态副词 seemingly、it+形容词（important）that 结构和 appear 系动词结构使自己对著作的正面或负面评价得以呈现，与著者展开论辩，对其著作进行了批判性审视，主要构建了评价者的身份。

在信念据素的使用方面，与推断据素相同，英语母语作者无论是从整体还是其下的各小类上都显著多于中国作者。信念指"说话人或作者或语篇中有关人物自己的观点、想象或臆测的东西"（胡壮麟，1995：19），可见，据素的主要功能是表达作者的个人主观见解或想法，因此，它的重点也在于构建作者的评价者身份。这一类据素由于更多地直接使用第一人称代词如 I、心理动词如 think、心理名词如 view 和具有论辩性质的副词如 arguably 等更依赖个人劝说和自我呈现的方式，因此，它更能直接地表现作者对所评著作的个人态度和立场，展示作者的论辩，从而使其评价者的身份更为明显。例如下面取自语料的例子：

（8）Because of this, I believe the volume constitutes an extremely useful and rich contribution on discourse coherence; while not fully addressing "the pragmatics" announced in the title.（英语母语作者语料库）

（9）My only doubt in this area is about which students are the target of the book; as a linguist teaching on language and linguistics programmes, it is unlikely I could use this as a core text because not all activities lead students to look at the language, and much of the further reading is not language-related.（英语母语作者语料库）

（10）Arguably, such studies need to be thoroughly enmeshed in theories of new literacy, and Quarshie Smith does meaningfully draw on information communication technologies literature.（英语母语作者语料库）

以上三例，直接使用了自我提及的第一人称代词+心理动词、心理名词和表示论辩的副词，作者自己的观点和立场被直接地表达出来，评价者的身份是公开的、显而易见的。以往众多的关于学术论文的言据性研究（如 Chafe, 1986；徐昉、龚晶，2014）都显示信念据素使用比例较低，这与本研究结果不太一致，主要原因在于书评不同于论文，其文体特征要求作者更多地传递个人主观态度，评价者身份的建构尤为重要。英语母语作者借此所构建的评价者身份显著重于中国作者。

在感官据素的使用方面，虽然两组作者用得都不多，但英语母语作者多于中国作者，且两者的对比具有显著差异。感官据素主要用以提供感官证据，强调信息来自直接经验，作者对信息来源的可靠性负责。通常情况下，通过感官感受到的现象一般被认为体现了所获信息的"可信度高"（Chafe, 1986：267），因而具有较高的确定性。由于感官动词的使用，它总能与作者关联起来，使作者的主观观点得到凸显，从而加强作者的著作评价者身份。例如下面选自语料的例子：

(11) Stibbe also demonstrates, however, that the exposing of a metaphor opens it up to resistance, as is now being seen in the "Occupy" social justice movement. (英语母语作者语料库)

例(11)中的感官动词 see 凸显了作者的在场，显现了作者对著者观点的赞同，可以看作隐性地评价了著作，同样构建了评价者的身份。

由以上分析我们可以看出，英语母语作者书评更注重评判与表达作者的个人态度和立场，主观性更强，更重视构建评价者身份。与英语母语作者相比，中国作者书评更注重陈述原书及学界观点，试图使其文本呈现出更加客观性的特征，更重视构建介绍者的身份。先前的研究如王红阳和程春松（2008）对英汉二语语言学书评的研究发现英语书评更加主观，汉语书评更加客观，周惠和刘永兵（2015）的英汉语言学学术书评研究也发现汉语书评以介绍为主、评判为辅，英语书评更加注重批判性，蒋文干（2015）对英汉翻译类学术书评的研究也同样发现英语学术书评倾向于凸显和强化批评的内容，汉语学术书评倾向于对批评意义的弱化和模糊化，这部分与本研究结果一致，至于中国学者在撰写英语书评时是否受到汉语书评写作的影响还有待进一步做实证研究进行证实。

对于中外学术书评作者通过言据性所构建的相对来说或较偏客观的介绍者身份抑或较偏重主观的评判者身份的差异，笔者认为可能源自大文化与小文化的共同影响，因为"身份是一个始终嵌置于社会实践中的过程"(de Fina et al., 2006:2)，而我们每个个体所身处的文化不可避免地参与到我们的社会实践中。书评作为一种与文化密切联系的体裁，必然"产生于文化，反映文化特点，体现文化，是文化的重要组成部分"（张德禄，2002:61）。

从大的民族文化来看，中国文化崇尚谦和，尽量避免过于直白地公开评判他人，尤其是指出他人的不足；此外，由于中国文化常聚焦人际关系，虽然评判的是学术著作，但总能与其作者的个人学识甚至是人品联系起来，这自然就会限制书评评价成分的比重；以英美为代表的英语文化注重张扬个性，长期所形成的西方论辩传统强调批判性思维，因而他们推崇更重批判性的评价策略，此外，与中国文化对人际关系的关注不同的是，英语文化更能将事件与人分开，因而书评作者在评价著作的时候会较少承担由于负面评判过多而带来的人际关系风险，这也就避免了评价的顾虑，自然会增加评价的比重。

从小的学科文化来看，在语言学与应用语言学研究领域，中国书评作者经常为学术资历尚浅的年轻学者或者是博士生，而所评价的著作一般是本领域较为重要的学者所著，因而在学术权威上不对等，由于中国文化属于"高权力距离"（Hofstede，2001）文化，这会大大抑制书评作者的评价欲望，尤其是负面评价欲望。此外，长期以来国内语言学界存在崇拜西方著述的现象，因而更多情况下以介绍西方理论为己任，自然容易忽略构建评判者的身份；英语母语书评作者和语言学界的情况与上述两点不同，由于所处的文化圈为"低权力距离"（Hofstede，2001）文化，对社会中的等级现象不像"高权力距离"文化那样敏感，学术权威光环的影响力没有那么大，所以评价者身份得到了更为普遍的重视。

总之，民族大文化和学科小文化皆影响了中外学者的言据性话语实践及其所构建的身份。当然，以上原因阐述仍是探索性的，我们还需要更多的实证数据进一步支撑该阐释。

第六节　小结

本章对比了中国作者与英语母语作者发表在国际期刊的英语学术书评语篇中言据性的特征，并分析了其各自的言据性特征所构建的身份特点。研究发现，中国作者和英语母语作者书评语篇的言据性特征虽然在总体上的共性大于差异性，但在具体细节上差异性大于共性；中国作者和英语母语作者书评语篇都呈现出较为丰富的言据性特征，均使用感官、转述、推断和信念四类据素，两者在总体使用量上趋同，但在每一类据素的使用数量上存在差异性；中国作者的转述据素用得比英语母语作者多，其他三类据素则用得比英语母语作者少，中国作者的据素使用过度集中于转述据素，英语母语作者所使用的据素类型则更为均衡；中国作者在转述据素中的括号引用和 it 从句两类据素上比英语母语作者用得多，在感官据素、转述据素中的名词+that、推断据素中的认知情态动词、情态副词、it 从句、seem 类系动词和信念据素中的第一人称代词+心理动词、心理名词+that 和副词的使用方面比英语母语作者用得少。研究还发现，中国作者和英语母语作者书评语篇通过言据性所构建的作者身份也呈现出不同的特点，两者都构建了著作介绍者和评价者的身份，但两者对这两种身份的分配比重不同，中国作者较偏向著作介绍者的身份，英语母语作者则两种身份并重，并比中国作者更为重视著作评价者这一身份的构建；民族大文化和学科小文化的不同是造成这一差异的可能原因。研究发现在一定程度上印证了跨文化修辞学关于"二语写作中的修辞偏好与文化存在关联性"（Connor，1996，2011；Kaplan，1966）的基本假设，也进一步说明了"话语实践与身份具有交互关系"（陈新仁，2013：30）的观点，同时还进一步证明了"真理的相对性与语篇的动态性和构建性"（房红梅，2006：195）。

上述研究结果对学术英语阅读与写作教学具有一定的启示。研究结果可为高校语言学学科培养高质量学术研究人才提供相关英语学术书评写作范式，从而促进学生的语言学文献阅读能力，也为目前对研究生开设的英语学术文献阅读与写作课程的教学提供参考。在教学中，教师可有意识地通过教学设计促使学生了解语言的言据性特征并掌握据素的语用修辞策略，通过各种阅读和写作实践引导他们建立言据性意识，合理有效地使用各类据素，从而自如地表达学术观点，合理地构建学术身份，从而逐渐习得学术共同体的规约，获得学术共同体的认可。本研究的发现和启示对于学界同仁，尤其是学术新手，具有一定的借鉴意义。

研究存在一定的局限性。首先，语料只涉及语言学及应用语言学一个学科，并未考虑学科之间的差异性这一维度；其次，语料的规模较小，其代表性会受到一定的影响，或多或少会影响本研究的结果；最后，对身份构建的分析和阐述难免会带有笔者的主观倾向。因此，研究结论只是尝试性的，期待后续研究能够想办法弥补和改进。

第三部分

二语新闻写作修辞研究

第七章 二语报纸评论专栏中的互动元话语[①]

第一节 引言

报纸专栏评论是报纸新闻评论的一种，属于新闻评论栏目下设置的一个专栏。新闻评论与新闻报道是新闻语篇的两大重要体裁，而新闻评论作为"采、写、编、评"新闻业务的四大要素之一，其存在日益受到人们的重视，在报纸新闻中占据着十分显著的位置。一般来说，新闻评论是新闻媒体就当前发生的重大问题或具有广泛影响力的新闻事件发表看法与阐述观点的一种论辩性文体。传统上，新闻评论常指社论、评论员文章、述评等政治性较强的语篇，比如社论常被看作代表报社对当前政治、经济、思想、文化领域中的重大问题或重要事件发表的立场和观点。而专栏评论不同于社论等新闻评论，在内容和文体风格上都有其鲜明的特点。如果说社论代表的是国家的声音与政府的导向，专栏评论因有具体署名则更多代表作者个人的观点，其所评论的内容更加多元化，写作风格也相对自由活泼。与官方评论的严肃威严相比，专栏评论在语气上更加亲切随和与平易近人，与受众的互动自然要求更多，实现语篇人际意义的诉求更强烈。这是与其担负的功能分不开的——作为新闻评论语篇中一种特殊的功能文体，专栏评论所肩负的社会功能是通过文本所持有的观点、立场和态度来影响受众，因此具有典型的修辞劝说目的。与受众形成良好的互动并建

[①] 本章在鞠玉梅（2018a）的基础上修改完成。

立"同一"以获得支持和认可是有效说服受众的基础，这依赖选择恰当的修辞策略。元话语即是加强语篇互动并构建发话者与受众联盟关系的重要修辞手段之一，是专栏评论作者用以激发受众参与并说服受众所采用的必不可少的方式。

近年来，学界对元话语作为一种重要修辞现象的研究越来越重视，涌现了大量以元话语为探索主题的研究，除了对元话语的性质进行定义以及分类等理论研究外，在实证研究方面也取得了丰硕的成果。实证研究尤以学术话语这一体裁研究为主导，学者们（如 Abdi, 2002; Dahl, 2004; Hyland, 1998, 2004, 2005a; Hyland & Jiang, 2016a, 2016b; Hyland & Tse, 2004; Jiang & Hyland, 2017; Kim & Lim, 2013; 王晶晶、吕中舌，2016; 徐昉，2013）就元话语及其在学术语篇中所发挥的多种功能进行了大量的研究。相对来说，对于元话语在其他体裁中的研究则少得多，尤其是在二语环境下的研究则更少，还有广阔的发展空间。

本章选择新闻评论这一体裁，具体选择其中的专栏评论这一亚体裁，以国内较具知名度和影响力的英语报纸——《中国日报》（*China Daily*）中的专栏评论为研究对象，聚焦元话语中的互动元话语（interactional metadiscourse），探讨母语为汉语的中国作者所撰写的英语二语专栏评论语篇中的互动元话语使用特点，以丰富元话语研究的成果，并为新闻评论语篇研究提供更多的观察维度。

第二节　分析框架

元话语研究自 20 世纪 80 年代起到现在主要以 Halliday（1978）提出的语言三大功能即概念功能、人际功能和语篇功能为理论基础，对元话语的概念、特征、形式、分类和作用展开了广泛和深入的研究。元话语作为"组织话语、表达作者对话语的观点以及涉及作者与读者互动"（徐赳赳，2006：345）这一定位已为学界所普遍接受。因其在语篇中常用不同的语言标记来表示，也常被称作元话语标记语，它的分布位置比较灵活，可出现在话语开头、中间或结尾。关于元话语的分类模式，学者们（如 Bunton，1999；Crismore，1989；Dafouz-Milne，2008；Dahl，2004；Hyland，2005a；Hyland & Tse，2004；Khabbazi-Oskouei，2013；Vande Kopple，1985）也基于各自的研究语料提出了不同的分类框架。其中 Hyland（2005a）、Hyland & Tse（2004）的分类模式得到了广泛的应用，特别是在学术语篇研究中运用得更为广泛。Hyland & Tse（2004）将元话语分为引导式（interactive）和互动式（interactional）两大类，Hyland（2005b）又进一步研究了互动式元话语，将其分为立场（stance）和介入（engagement）两大类，成为研究语篇互动元话语的主要分析模式。关于新闻评论语篇的元话语研究，有的直接使用 Hyland & Tse（2004）的模式，如 Le（2004），有的提出了类似的分类框架，如 Dafouz-Milne（2008）将元话语分为语篇（textual）和人际（interpersonal）元话语两大类。Khabbazi-Oskouei（2013）又进一步研究了社论语篇中的人际元话语，并提出了一个新的人际元话语分类模式，他称为互动元话语（interactional metadiscourse）模式。本章主体参照 Hyland（2005b）提出的互动元话语分类模式，即将其分为立场互动元话语和介入互动元话语，同时考虑到新闻评论语篇本身的特点，在构建报纸专栏评论互动元话语模式时也参考了 Khabbazi-Oskouei（2013）的社论互动元话语分类模式。表 7.1 即为我们所采用的分类框架。

表 7.1　　　　　　　　　　互动元话语分类框架

一级分类	二级分类	三级分类	例子
立场	模糊性标记语	表示"可能"的情态动词	may, might, can, could
		认知动词	seem, appear
		可能副词	probably, perhaps, maybe, rather
		认知短语	The likelihood is that..., It is likely that...
		表示"大约"的词汇	about

续表

一级分类	二级分类	三级分类	例子
立场	确定性标记语	确定副词	certainly, surely
		表示确定的短语或句子	We can be sure that…
		表示信息来源的词或短语	As Liz Brocklehurst, a former exam marker, reveals…
	态度性标记语	义务动词	should, ought to, must, have to
		态度副词	unfortunately, happily
		表示态度的短语	It is interesting that…, It is only common sense that…
		认知动词	I believe…, I agree…, I feel…
	自我提及标记语	第一人称代词	I, we
		表示作者的名词	the writer, the author
介入	读者称呼标记语	第二人称代词	you
		包含读者的第一人称代词	we, us, our
		表示读者的称谓语	the reader, dear friend
	指令标记语	祈使句	Consider a sequence of batches in an optimal schedule.
	疑问标记语	疑问句式	Is it necessary to choose between nurture and nature? What do these two have in common?

互动元话语，顾名思义，是作者所采取的用以构建作者和读者互动关系的话语策略。立场互动元话语用以表达作者的态度，介入互动元话语显现读者的参与程度。立场可通过四种话语策略显现作者的态度：模糊标记语通过不确定性表达式如 perhaps、might 和 possible 等这些具有缓和功能的词语显示作者所持有的谨慎的和不完全承诺的态度；确定标记语通过确定性表达式如 obviously、certainly、it is sure that 以及交代信息来源的证源标记语等词语或句子明确作者对所说的话的强调和不容置疑；态度标记语通过 should、ought to、fortunately、important、I agree 等词语或句子表明作者对命题信息所持的情感态度，如肯定、惊奇、赞同等；自我提及标记语通过提及作者自己的词语如

单数第一人称代词 I 和不包含读者的复数第一人称代词 we 等明确显现作者在文本中的存在。介入可通过三种话语策略吸引和显示读者的参与，加强作者——读者互动：读者称呼标记语使用直接称呼读者的词语如第二人称代词 you 等与读者直接交流；指令标记语通过表达要求或命令的表达式如祈使句促使读者介入；疑问标记语通过使用问句如疑问句或修辞问句建立读者和作者的沟通。

第三节 研究设计

一 语料来源

研究语料选自《中国日报》中的专栏评论文章 30 篇，考虑情景因素的可变性，语料涉及的领域包括政治、经济、文化、教育和社会生活五个方面。同时，为了更有利于考察中国作者的英语二语写作特点，本研究还创建了一个作者为英语母语作者的专栏评论语篇的参照语料库，语料同样由《中国日报》的 30 篇专栏评论组成，其作者为该报以英语为母语的专栏作者。为了保证较好的可比性，语料涉及的领域尽可能与中国作者语篇所涉领域相同。中国作者语料库共计 22632 个词，英语母语作者语料库共计 19463 个词。语料选取时间跨度为 2015—2017 年。

二 研究问题

具体回答以下两个问题：

（1）与英语母语作者相比，母语为汉语的中国作者的英语二语专栏评论写作中的互动元话语使用有什么特点？两者之间有何共性？两者之间是否存在差异？

（2）如果有差异，主要表现在哪些方面？造成差异的可能原因是什么？

三 研究步骤

研究分两阶段进行。第一阶段是语料收集和描写阶段。从《中国日报》收集语料并建立语料库后，对语料进行互动元话语标注、检索和统计。首先依照本研究分析框架（见表7.1）对两个语料库中的互动元话语进行标注。语料标注完成后，使用 AntConc 3.4.4 软件，对两个语料库中的互动元话语数量及其频数进行统计，考虑到每个语篇的长度存在一定的差异，频数以每千词出现的比例进行统计，以保证其可比性。其次，报告统计结果，发现两个语料库中的互动元话语分布规律与使用模式，并使用卡方检验（χ^2）分析两个语料库间互动元话语的使用是否具有显著差异。第二阶段是讨论母语为汉语的中国作者的英语二语专栏评论写作中互动元话语的使用特点，发现并阐释其与英语母语作者的共性与差异性。

第四节　研究结果

经过对标注后的语料中互动元话语的使用情况进行检索统计（见表7.2），我们发现互动元话语使用在两个语料库中均较频繁，再次证明了元话语使用的普遍性。中国作者语料库中出现的各类互动元话语标记共948个，每千词41.8个；英语母语作者语料库中出现的各类互动元话语标记共831个，每千词42.6个。研究还表明两个语料库中立场标记语的使用都远超过了介入标记语。中国作者语料库中立场标记语占元话语总数的88%，英语母语作者语料库中立场标记语的使用也达到了84%。

表7.2　　　　　　　互动元话语整体统计结果

元话语类别	中国作者语料库			英语母语作者语料库		
	实际频次	标准频次（每千词）	占元话语百分比（%）	实际频次	标准频次（每千词）	占元话语百分比（%）
立场标记语	837	36.9	88	696	35.7	84
介入标记语	111	4.9	12	135	6.9	16
合计	948	41.8	100	831	42.6	100

表7.3统计了两个语料库中立场标记语和介入标记语之下各种亚

类别的出现频率。在中国作者语料库中，使用较频繁的互动元话语依次为自我提及标记语（32.9%）、模糊标记语（26.5%）、确定标记语（20.5%）、态度标记语（8.2%）、读者称呼标记语（5.7%）、疑问标记语（5.0%）、指令标记语（1.2%）；在英语母语作者语料库中，使用较多的互动元话语依次为自我提及标记语（37.5%）、确定标记语（16.3%）、态度标记语（16.1%）、模糊标记语（13.8%）、读者称呼标记语（8.2%）、指令标记语（5.3%）、疑问标记语（2.8%）。

表7.3　　　　互动元话语二级分类亚类别统计结果

元话语类别	统计结果	中国作者语料库 实际频次	标准频次（每千词）	占元话语百分比（%）	英语母语作者语料库 实际频次	标准频次（每千词）	占元话语百分比（%）
立场	模糊标记语	252	11.1	26.5	115	5.9	13.8
	确定标记语	195	8.6	20.5	135	6.9	16.3
	态度标记语	78	3.4	8.2	134	6.8	16.1
	自我提及标记语	312	13.8	32.9	312	16.0	37.5
介入	读者称呼标记语	53	2.3	5.7	68	3.5	8.2
	指令标记语	11	0.5	1.2	44	2.3	5.3
	疑问标记语	47	2.1	5.0	23	1.2	2.8
	合计	948	41.8	100	831	42.6	100

为进一步检验两个语料库中互动元话语的使用手段是否有显著性差异，我们用卡方检验对数据进行了检验处理与分析。

首先，对两个语料库中互动元话语整体频次以及立场标记语和介入标记语两大类别使用频率进行比较，如表7.4所示。

表7.4　互动元话语、立场标记语和介入标记语使用频率 χ^2 检验结果

类别	频率	中国作者语料库	英语母语作者语料库	χ^2	p值
互动元话语	次数	948	831	−0.161	0.687
立场标记语	次数	837	696	0.411	0.521
介入标记语	次数	111	135	−7.088	0.007

对互动元话语整体检验结果表明，$\chi^2=-0.161$，$p=0.687>0.05$，即两个语料库中互动元话语使用整体不存在显著差异；对立场标记语的检验结果表明，$\chi^2=0.411$，$p=0.521>0.05$，即两个语料库中的立场标记语使用差异不显著；对介入标记语的检验结果表明，$\chi^2=-7.088$，$p=0.007<0.05$，即两个语料库中的介入标记语的使用存在显著差异。

其次，我们分别对两个语料库中互动元话语各二级分类亚类别使用频率进行卡方检验，结果如表7.5所示。

表 7.5 立场标记语和介入标记语亚类别使用频率 χ^2 检验结果

类别	频率	中国作者语料库	英语母语作者语料库	χ^2	p 值
模糊标记语	次数	252	115	32.466	0.000
确定标记语	次数	195	135	3.583	0.058
态度标记语	次数	78	134	−24.007	0.000
自我提及标记语	次数	312	312	−3.458	0.062
读者称呼标记语	次数	53	68	−4.451	0.034
指令标记语	次数	11	44	−23.914	0.000
疑问标记语	次数	47	23	4.524	0.033

结果表明，两个语料库在模糊标记语、态度标记语和指令标记语三个方面存在显著差异，中国作者显著多用模糊标记语（$\chi^2=32.466$，$p=0.000<0.05$），显著少用态度标记语（$\chi^2=-24.007$，$p=0.000<0.05$）和指令标记语（$\chi^2=-23.914$，$p=0.000<0.05$）；两者在读者称呼标记语和疑问标记语方面存在较显著差异，中国作者较显著少用读者称呼标记语（$\chi^2=-4.451$，$p=0.034<0.05$），较显著多用疑问标记语（$\chi^2=4.524$，$p=0.033<0.05$）；两者在确定标记语的使用方面显著程度接近临界，中国作者稍微更注重对确定标记语（$\chi^2=3.583$，$p=0.058$）的使用；两者只在自我提及标记语（$\chi^2=-3.458$，$p=0.062>0.05$）使用方面不存在显著差异。

最后，为了展示两个语料库中互动元话语的使用细节，我们又对各三级分类中的项目进行了统计，以求发现元话语使用的细微差异，见表7.6。

表 7.6　　互动元话语三级分类亚类别统计结果

元话语类别		统计结果	中国作者语料库 实际频次	中国作者语料库 标准频次（每千词）	英语母语作者语料库 实际频次	英语母语作者语料库 标准频次（每千词）
立场	模糊标记语	表"可能"的情态动词	189	8.4	72	3.7
		认知动词	30	1.3	25	1.3
		可能副词	15	0.7	12	0.6
		认知短语	3	0.1	1	0.1
		表"大约"的词汇	15	0.6	5	0.2
	确定标记语	确定副词	36	1.6	18	0.9
		表确定的短语或句子	69	3.0	30	1.5
		表示信息来源的词或短语	90	4.0	87	4.5
	态度标记语	义务动词	48	2.1	6	0.3
		态度副词	21	0.9	113	5.8
		表态度的短语	9	0.4	9	0.4
		认知动词	0	0	6	0.3
	自我提及标记语	第一人称代词	312	13.8	312	16.0
		表作者的名词	0	0	0	0
介入	读者称呼标记语	第二人称代词	18	0.8	50	2.6
		包含读者的第一人称代词	35	1.5	12	0.6
		表读者的称谓语	0	0	6	0.3
	指令标记语	祈使句	11	0.5	44	2.3
	疑问标记语	疑问句式	47	2.1	23	1.2

由表7.6可以看出，在模糊标记语的使用上，中国作者在五个三级分类上都比英语母语作者用得多，尤其是对表"可能"的情态动词的使用更多一些。在确定标记语的使用上，两者都注重对表示信息来源的词或短语的使用，但中国作者对表确定的短语或句子以及确定副词比英语母语作者用得稍多一些。在态度标记语的使用上，英语母语作者更多使用态度副词，其使用频率远远高于中国作者，中国作者主要使用义务动词。在自我提及标记语的使用上，两类作者高度一致，只用了第一人称代词，而且都用的是第一人称单数I，都没有使用复

数 we，也都没有使用表作者的名词。在读者称呼标记语的使用上，中国作者主要使用的是包含读者的第一人称代词，英语母语作者使用频率最高的是第二人称代词，此外，英语母语作者还使用了少量表读者的称谓语，中国作者则完全没有使用。指令标记语和疑问标记语无三级分类，两者之间的使用差异已在前文陈述。

第五节　结果讨论

从总体研究结果来看，根据表7.2、表7.4，中国作者和英语母语作者一样频繁使用互动元话语构建立场和表达态度，在总体使用频率和标准频率上两者之间不存在显著差异，这说明中国作者已经具备了接近英语母语作者水平的互动元话语使用能力，能够熟练使用元话语增加专栏评论的互动性。

从一级分类研究结果来看，根据表7.2、表7.4，两个语料库中立场标记语的使用都远超过了介入标记语，立场标记语的使用都占互动元话语使用总数的80%以上，且两者之间不存在显著差异。笔者认为这一结果主要是出自文体和语用的共性要求。报纸专栏评论写作的特点是传达写作者对某一事件或现象或问题的立场和看法，这一文体特点与语用目的规定了作者写作的主要基调是以评述为主，而立场元话语恰好具备这种功能，所以因其利于表达作者的态度和观点而备受专栏作者青睐也是自然的。无论是中国作者还是英语母语作者都有这种文体意识，从而使其写作采用更符合文体要求的修辞策略。在介入标记语的使用上，根据表7.2、表7.4，中国作者比英语母语作者用得少，且两者之间存在显著差异。这说明中国作者在与读者直接进行交流并吸引读者参与语篇方面的努力明显少于英语母语作者，这一现象的原因或许与中国文化传统有一定的关系。中国演讲者或写作者通常更擅长于展示或表达自己的观点，但在引起听众或读者的注意力并吸引他们参与互动方面则不够重视或者乏力，这一发现印证了人们关于英语母语作者新闻评论语篇更善于构建作者与读者之间关系（穆从军，2010）的观点，也证明了源于"以读者为中心"的自觉理性要求，更着眼于对读者的引导与启发是西方报纸专栏评论写作的显著特点（李良荣，2010：272）的观点。

从立场元话语的二级分类研究结果来看，根据表7.3、表7.5，使用最为频繁的是自我提及标记语，在两个语料库中都是使用得最多的亚类别，且两者之间没有显著差异。这说明无论是中国作者还是英语母语作者都注重个人立场的表达，彰显作者的主体性，这也是专栏评论写作的显著特点，它要求突出作者个人的视角和态度。值得一提的是，根据表7.6，在使用的自我提及标记语中，两类作者都仅使用了第一人称单数代词I，复数we和用于隐匿作者主观自我的表作者的名词如the writer、the author则没有使用。这是因为单数人称代词通过"个人化作者观点"（Harwood，2005a：1211），不仅可用于表明角色，还能够构建作者身份，推销己见，与此同时，凸显作者的创新性和权威性。这有助于专栏评论作家表明对所持观点的自信。例如下面来自语料的例子：

（1）Even though I do not see eye to eye with Sun Haiying on many of the points he raised, I don't think he should be shamed into silence simply because his perspective would be seen by some as a sign of bigotry.（中国作者语料库）

（2）I have always sought to see the good in the US, but sometimes that country's actions make it hard.（英语母语作者语料库）

在立场元话语的二级分类中，根据表7.3、表7.5，中国作者比英语母语作者显著多用的元话语是模糊标记语。这也是构成中国作者立场标记语使用的主要成分。模糊标记语的使用可降低作者的责任度，使说话者的观点表达趋于缓和及委婉。这说明中国作者在表达个人观点时趋向于采取谨慎态度，选择更加温和的表达方式，以提高自己观点的可接受度，构建温和礼貌的作者形象。有趣的是，这一发现与有关汉英新闻评论语篇对比研究得出的汉语新闻评论语篇比英语新闻评论语篇显著少用模糊限制语的发现不同，如黄勤和熊瑶（2012）、柳淑芬（2013）、穆从军（2010）的研究等。笔者认为其原因可能是随着国内语篇对比研究的发展与中国国际化程度的提高，中国作者在用英语进行二语写作时，有意识地规避母语汉语的影响，强化习得英语写作规范和风格，特别注意语气调适的重要性，以至于有意识地增多了模糊标记语的使用。例如下面来自语料的例子：

（3）It might take some time for the ripple effect of housing price rises to spread from major cities to a third-tier one like Kunming, I thought.（中国作者语料库）

（4）I guess it probably took a long time for many Chinese teachers and parents to change their attitude and master the method of encouragement.（中国作者语料库）

（5）It seems an industry practice that one should not do this kind of thing openly.（中国作者语料库）

不过，值得一提的是，根据表7.6，虽然中国作者在五个小类模糊标记语的使用上都比英语母语作者多，但在表"可能"的情态动词方面则用得过多，存在过度使用情态动词的状况，不及英语母语作者使用得均匀。这一点对二语写作者是一个有益的启示，需注意模糊标记语使用的多样化。

除了模糊标记语以外，根据表7.3、表7.5，中国作者还在确定标记语的使用方面稍多于英语母语作者，其差异接近临界显著。这一发现与以往相关研究（如以上提到的三项研究）结果既有一致也有不一致之处，相同之处在于中国作者较英语母语作者的确存在多用确定标记语的情况，不同之处在于以往的研究显示两者之间存在显著差异，即中国作者显著多用确定标记语，而在本次研究中，两者之间的差异并没有达到非常显著状态。显著多用的常见原因解释是态度鲜明，语气肯定是汉语写作，特别是汉语议论文写作的典型特点，因而中国作者的英语写作有可能在一定程度上受到了母语汉语的影响。本次研究的结果说明，中国作者在用英语进行二语写作时考虑到了英语写作的特点，努力靠近英语表达习惯，因此所使用的确定性标记语与英语母语作者相比差异也不再那么悬殊。笔者认为，其原因与上文提到的模糊标记语使用情况相同。请看下面来自语料的例子：

(6) And it is certainly true that, pushed to extremes, the Chinese way of talking down would deprive children of the fun of learning and be so negative that it casts a long shadow over the future life of the young. (中国作者语料库)

(7) Is there any reason why the same shouldn't happen with China? Of course not. (英语母语作者语料库)

另外，值得一提的是，根据表 7.6，确定标记语的三个类别中的表示信息来源的一类在两组语料中都占了最大比重，这也是报纸评论写作的一个显著特点，表明作者在展开自己的论题时倾向于援引有权威的观点来支持自己，以便使读者更信服与接受自己的立场。例如下面来自语料的例子：

(8) As Confucius has said, one needs to examine what he or she has done and said three times a day to make sure he/she does and says the right thing. (中国作者语料库)

(9) For years, Britain has had a much-vaunted special relationship with the US, despite, as Winston Churchill once said, being two countries divided by a common language. (英语母语作者语料库)

在立场元话语的二级分类中，根据表 7.3、表 7.5，中国作者比英语母语作者显著少用的元话语是态度标记语。这说明英语母语作者比中国作者更擅长于表达个人态度，这似乎更符合专栏评论写作的要求。中国作者在态度的表达上更加谨慎，这也与中国作者使用更多的模糊标记语是一致的。虽然两个语料库在立场元话语整体使用上无显著差异，但两者之间的明显区别在于，在立场元话语的二级分类中，中国作者明显多用模糊标记语，但英语母语作者明显多用态度标记语，而且，根据表 7.6，英语母语作者使用的主要是态度副词，能非常清晰地显现作者对所述事情的态度。立场表达更多涉及态度，态度标记语的使用可加强专栏评论的个人观点和风格的形成与传达。例如下面来自语料的例子：

(10) Other clichés, sadly true, also kick in. (英语母语作者语料库)

(11) Obama should see reason, drop his plan for military action and

seek non-violent solutions. （中国作者语料库）

在介入元话语的二级分类中，根据表 7.3、表 7.5，中国作者比英语母语作者显著少用的标记语是指令标记语，较显著少用的标记语是读者称呼标记语，这也是中国作者在介入元话语类别上比英语母语作者显著少用的原因所在。指令标记语主要是通过祈使句的形式给读者以建议或者促使读者采取某种行动去做或者不做某件事，这符合西方修辞的劝说传统，从观点上影响受众并最终达成某种一致的行动是西方修辞的目标诉求。除此之外，祈使句的一个作用就是直接与受众交流，给人的感觉是面对面地与读者对谈，可提升语篇的互动感。例如下面来自语料的例子：

（12）But don't be fooled. （英语母语作者语料库）

（13）Now, let's narrow our focus to the interactions of teachers or parents and the youngsters they need to educate. （中国作者语料库）

读者称呼标记语以第二人称代词，包含读者的第一人称代词复数形式以及表读者的称谓语直接称呼读者，互动性更强，与读者直接对话，最大限度地带动读者介入语篇互动。第二人称代词将遥远的读者拉近到作者眼前，感觉几乎触手可及，直接邀请"你"参与聊天，令人倍感亲切，而且几乎可以看到读者的反应，这对于拉近读者与评论人的距离、加强对复杂事物的理解具有直接的作用。包含读者的第一人称代词复数形式可创造一种"你我一同置身其中"的修辞幻象，邀请读者参与想象，共同绘制一幅"图画"，可大大增强亲和力，从而使读者更情愿接受作者的观点。值得指出的是，根据表 7.6，英语母语作者用得较多的读者称呼语是第二人称代词，中国作者用得较多的是包含读者的第一人称代词复数形式。笔者认为，这也反映了中西不同的文化模式，中国作者更倾向于建立一种集体感的文化风格，而英语母语作者更倾向于建立一种对话感的文化风格。例如下面来自语料的例子：

（14）A routine comment from an official spokesperson, you might say. （英语母语作者语料库）

（15）We have vaulted from too much discipline to too little in just one generation. （中国作者语料库）

在介入元话语中，根据表7.3、表7.5、表7.6，中国作者比英语母语作者较显著多用的亚类别是疑问标记语。疑问标记语主要通过疑问句式包括一般疑问句、特殊疑问句和修辞问句与读者互动，抓住读者的注意力，激发读者主动思考，实现一对一交流沟通，吸引读者参与语篇意义的构建。设置问句是专栏作家的一个显著特点，常出现在标题或评论的开头，让读者心生好奇，阅读欲望大增。有时还不单用一个问句，而是一连串问句，以加强效果。在这一点上，中国作者尤其突出，其原因可能是受到了汉语论辩文体善用问句起到吸引读者注意力并加强作者观点的作用的影响，相关汉语疑问句研究（郝翠屏，2009；李秉日、宋永桂，2003；杨娜、冉永平，2017）持与此相同的观点。实质上，这种问题结构是一种疑问式的对话，它把读者吸引到一个对话中来，而不是把自己的观点硬塞给读者，它不仅能激发读者的兴趣，同样还会给读者一种亲切感，从而更容易获得读者的认同。请看下面来自语料的例子：

（16）Does that mean an immigration reform in the US, granting more H1B work visas or lawful permanent resident quota, will result in fewer Chinese graduates, especially STEM graduates, returning home? Will that undermine the numerous talent programs started by the central and local governments over the past few years? And will that also undermine the 12th Five-Year Plan (2011-15) blueprint that aims to build China into an innovative society?（中国作者语料库）

（17）Who can forget the talent of the goal-hungry Law, or the pure genius that was Best?（英语母语作者语料库）

第六节　小结

本章考察了母语为汉语的中国作者英语报纸专栏评论写作的互动元话语使用情况，得出如下研究发现：中国作者的英语报纸专栏评论写作与英语母语作者的英语专栏评论写作之间既有共性也有差异性。

共性主要表现在两者均较频繁使用互动元话语以加强评论的作者—读者互动性，两者在互动元话语整体使用上不存在显著差异，而且两者在互动元话语的第一大类即立场元话语的使用上不存在显著差异，频率接近，同时两者在互动元话语的二级分类中的自我提及标记语的使用上频率相当，不存在显著差异，且自我提及标记语是两者都用得最多的二级分类元话语。两者之间的差异性主要表现为在互动元话语的第二大类即介入元话语的使用上，中国作者比英语母语作者用得少；在二级分类上中国作者比英语母语作者显著多用的元话语是模糊标记语，较显著多用的元话语是疑问标记语，稍微多用的元话语是确定标记语；在二级分类上中国作者比英语母语作者显著少用的元话语包括态度标记语和指令标记语，较显著少用的元话语是读者称呼标记语。其可能的原因，笔者认为共性主要缘于专栏评论写作文体特点与修辞目的的共性要求以及中国作者英语写作越来越国际化的趋势，差异性主要是受汉语母语写作风格和中国文化的影响所致。

　　研究存在一定的局限性，由于《中国日报》专栏评论作者中的英语母语作者人数有限，远不及中国作者人数多，故参照语料库的语料选择受到了一定的局限，其代表性受到了一定的影响，或多或少会影响本研究的结果。因此，研究结论只是尝试性的，期待后续研究能够想办法弥补和改进。

第八章 二语报纸新闻评论特稿中的修辞叙事声音[①]

第一节 引言

新闻评论特稿属于新闻评论中的一种，它与社论的严肃威严不同，在内容和文体风格上具有故事性、以人为本和思辨性等特点，尤其是故事性是其突出特点。特稿以讲故事的方式提供信息和辩论观点，不仅所评内容更加多元化，而且在写作风格上也更加有趣，更加吸引读者，因为读者看到的不是干巴巴的事实罗列和严肃的说教，而是真实的生活。对比社论的权威指导，特稿评论更侧重于通过叙事与多种声音互动沟通，强化话语的说服力，实现语篇修辞功能的诉求更强烈。

近年来，叙事修辞研究已逐渐冲出文学领域的研究范围，进入非文学话语研究者的视野。越来越多的研究开始关注文学以外话语的修辞叙事模式，研究其修辞叙事分析的整体框架和方法（如 Fisher, 1984, 1985, 1987; Foss, 2004; Hart & Daughton, 2005; Rowland, 1989, 2005; 邓志勇, 2012a, 2012b, 2015), 并将其运用到文学以外的话语特别是演讲和新闻话语叙事修辞分析中（如刘晓晓, 2017; 杨家勤, 2013; 杨洁、邓志勇, 2013; 杨跃珍, 2014, 2015; 袁影、蒋严, 2013)，尤其是关于新闻话语的叙事修辞日益成为学者们感兴

[①] 本章在鞠玉梅（2022）的基础上修改完成。

趣的研究问题。但到目前为止，还没有研究者分析新闻评论中特稿评论版的修辞叙事，已有研究也尚未聚焦于修辞叙事声音这一点上，更没有研究涉及外宣语境下英语二语新闻评论特稿的修辞叙事声音。如前所述，新闻评论特稿具有鲜明的故事性特点，是通过讲故事来就某一新闻和事件提出作者的己见，与多种声音对话互动，实现与受众的同一，达到修辞劝说的最终目的。新闻评论看似是在说理，其实也是在说事。因此，修辞叙事对于这一评论体裁尤为重要，特别是叙事声音因其互文特点可助力语篇的对话性和多元互动性，对于评论特稿语篇修辞功能的达成具有重要影响。在当前的社会文化语境下，我国正致力于树立在国际舞台的良好形象，如何通过外宣讲好中国故事已成为全体中国人的共同诉求。新闻评论不同于社论威严的官方风格，因其有具体作者署名，更能代表大众声音，在跨文化交际中，使用得更为广泛和频繁。因此，有必要对外宣语境下新闻评论的修辞叙事进行研究。

　　本章拟对英语二语报纸新闻评论特稿的修辞叙事声音做一尝试性的实证探究，具体以《中国日报》新闻评论特稿为例进行分析，以期为新闻评论、修辞叙事和二语写作的理论和实践探索提供启示。

第二节　叙事与修辞

　　虽然修辞学中对叙事的关注由来已久，但对叙事首先进行系统的研究并提出修辞批评的叙事范式（narrative paradigm）的修辞学家是美国的 Walter Fisher。他将叙事定义为"一系列象征行动（包括言语和行为），对创造及理解这些象征行动的人而言，叙事是有序且有意义的象征行动"（Fisher，1984：2）。他的叙事修辞批评建立在以下基本观点之上，即人是讲故事的动物、叙事创造理性、叙事产生说服和同一（邓志勇，2012a，2012b）。叙事是人的一种本质修辞行为，可完成诸如劝说、论题建构、认知、现实建构以及与受众同一等多种修辞功能。叙事乃以言行事，在叙事的言语过程中，叙事者把自己的观点、思想、态度和价值观等隐含于其构筑的故事中，受众在聆听故事的同时，将其与自己的生活经验联系起来并建构意义，不知不觉地受到其中蕴含的意识形态的影响，叙事由此完成其修辞功能。叙事是最基本最普遍的人类活动，"任何说理，不论是社会的、正式的、法律的，还是其他的，都要用叙事"（Fisher，1984：3）。叙事的形式多种多样，除了传统上认定的完整的通篇叙事的典型的故事作品外，叙事更经常以非典型的元素形式出现于一般认为是非叙事性的语篇中，如新闻评论、各种演讲甚至学术语篇中，它们虽然以阐明观点为宗旨，却往往会借助各种简短叙事作为支撑观点的手段，起到劝导受众等修辞目的。从更宏观的意义上来讲，叙事乃符号行为，是我们在交际过程中用以组织、建构现实并影响受众的行为，它普遍地存在于人类的生活中，无时无处不在。

在 Fisher 奠定了叙事修辞批评之后，其他修辞学家如 Foss（2004）进一步厘清了叙事修辞批评的操作模式，通常是结合 Bitzer（1968）的修辞情境理论，分析叙事形式和叙事功能。叙事形式常分析八个要素，包括叙述者、场景、角色、事件、时间关系、因果关系、受众、主题，主要涉及交际双方、情境、内容和逻辑关系等因素，尤其注重分析受众，分析叙事者如何根据受众以及场景恰当叙事，以实现修辞意图。叙事功能分析则是分析叙事的目的，阐释修辞者如何通过一定的叙事形式合理安排内容、谋篇布局，实现一定的叙事功能，如建构有价值的论题、塑造有魅力的修辞人格、振奋受众等。叙事之所以具有修辞功能，原因在于"叙事通过吸引受众来解除他们的防备；它们唤醒了受众沉睡的经验和感受，因此，它们以一种微妙的方式揭示某种命题观点"（Hart & Daughton，2005：88）。这种微妙的方式说明叙事中之故事非"真实"故事，是一种"渴望性故事"（stories of desire）（邢毅，2015：17），其中蕴藏着讲故事者的意识形态和价值观。

第三节　叙事声音

　　分析叙事的修辞功能基础在于分析叙事文本的叙事形式，要对叙事文本进行具体分析，而其中有哪些可以被衡量的要素？以往的非文学话语叙事修辞批评，比如灾难新闻报道语篇，大多从修辞情境入手，对叙事的主题和故事的时间及因果关系进行评析。对于新闻评论语篇来说，这样的分析框架可能还不够，尚有更重要的叙事元素参与叙事修辞功能的实现，值得进一步挖掘。结合新闻评论叙事语篇的特点，我们认为可首先从叙事声音要素着手。

　　叙事声音简单地看来即"叙事者的声音"，它集中体现了叙事者对文本的干预、操纵和控制，因为"叙述信息不可能没有叙述者而自动发出"（赵毅衡，1998：25）。因此，叙事声音是关于"让谁说"的问题。同一件事，由不同的人说出来会有不同的修辞意味。从政府官员、专家学者的口中说出，可以使话语更具有权威性和社会意义；从普通老百姓口中说出，会拉近与受众的距离；从新闻事件的参与者口中说出，则会使叙事更具戏剧性。新闻评论叙事一般是采用第三人称，也就是作者围绕某个新闻事件进行讲述或评论，从整体上来看，文本通篇都是作者的声音。但其实我们很难在其中意识到作者在发声，因为新闻语篇的"互文性"（Fairclough，1992，1995a，1995b，2003；Li，2009；Van Dijk，1988，1989；辛斌，2007）特点，作者通常以引述新闻事件中人物的声音，或采访旁观者，或引用权威机构或人物的说法来完成叙事。作者在选择让谁的声音进入的过程中，体现了其"用心"，即融入了自身的修辞意图。在一次新闻事件中，通常会涉及多方的声音。作者选择让哪一方声音更多地出现在受众面前，则意味着该方的观点在作者看来更具有劝说性。再进一步，让其他人发出声音的方式也是作者的选择，不同的方式暗含了作者不同的修辞考虑，正如Fairclough（2003：53）所言："当他人的声音并入文本时，总是需要选择如何为其'加框'，如何将其融入上下文语境中，以建立引文和作者声音之间的关系。"作者经常可以采用直接或间接等引用方式,这关涉到视角转换的问题。新闻话语叙事虽然基本上是以外视角叙述新闻事件,但在让他人发声直接引用他人声音时,就转成了内视角叙事。内视角叙事可以更多地表达所引用人物的所思所想,受众在接受这部分叙事时,就无意识地站在了被引述者的角度思考问题,形成同一,从而更容易实现修辞。因此,Phelan(1996,2017)将声音看作为叙事交流中的"修辞资源",是"为达到特殊效果而采取的手段"(1996:48)。

文本中的多声音主要通过转述言语(reported speech)实现。转述言语在新闻话语中的重要地位可从 Fishman(1980:92)关于新闻的下列论述中窥见一斑,即"新闻的这条基本原则可以表述为'某件事如此是因为某个人说它如此'。"Geis 也认为新闻媒体最重要的权力在于"决定在哪个问题上应该向受众传达谁的声音"(1987:10)。对新闻语篇转述言语的研究在范围和方法上早已超越了传统的局限,随着话语研究的修辞转向(the rhetorical turn),对各种形式的引语作出修辞上的解释已成为共识,而且对转述言语的研究需具体到较为细致的语篇类型,因为"转述言语的性质与功能因语篇类型的不同而有所不同,对它们的研究应建立在对具体的语篇和语境的分析上"(Baynham,1996:62)。

我们对转述方式的考察基本依据的是 Leech & Short(2007)提出的转述言语的五种方式:直接引语、间接引语、自由直接引语、自由间接引语和言语行为的叙述性转述。在统计中我们只区分直接引语和间接引语,因为自由直接引语和自由间接引语在小说中更普遍,在新闻话语中出现频率较低,而言语行为的叙述性转述在本质上仍属于间接引语。直接引语和间接引语最简单的区别在于前者引述原话的形式和内容,后者只转述原话的内容。此外,还常见另外一种引语方式,即引语经过叙事者的选择,部分保留被引述者的声音,常是某个单词或词组,被保留的部分用双引号打上,我们将这种方式称为"断引",它又可分为表示强调的引用和表示不赞成的引用。

除了考察转述方式,我们认为消息来源也是值得考量的变量。消息来源指被转述话语的来源。作者在引述他人的言论或观点时，通常要交代其来历。交代的方式主要有三种：具体确切的消息来源，作者有名有姓地交代引语的发出者，如 President Xi Jinping pointed out…；含蓄不定的消息来源，作者不直接点明引语的发出者，只是用一些不具体的词语加以暗示，如 Some commentaries in Japanese media outlets said…、Tax authorities said…、Some reviewers said…；不提及消息来源，作者有可能对消息来源不清楚，也有可能觉得来源已广为人知，还有可能觉得来源不重要甚或故意隐瞒，常直接使用引文，或使用被动结构，如 It is said/reported that…，或使用一些含混不清的表达式，如 Some media reports say…、A new report predicts that…。

第四节　研究设计

一　语料来源

本章语料选自《中国日报》中的新闻评论特稿文章100篇，其作者为在中国大陆高校或其他机构工作的投稿者。考虑情景因素的可变性，语料涉及的领域包括国内国际政治、经济贸易、外交、生态、科技创新、互联网、人工智能、民生等几个方面。同时，为了更有利于考察中国作者的英语二语新闻评论特稿写作特点，我们还创建了一个英语母语作者的新闻评论特稿语篇的参照语料库，语料同样由《中国日报》的新闻评论特稿100篇组成，其作者为英语母语投稿者，话题所涉及的领域同样涵盖以上几个方面。中国作者语料库共计81043个词，英语母语作者语料库共计97633个词。语料选取时间跨度为2018年1月至2019年2月。

二　研究问题

本章的研究目的是通过对随机抽样的有限语料的统计分析来考察《中国日报》中的转述言语在消息来源和转述方式上的一些特点，并对此做出一些初步的修辞解释。研究初步发现和结论可以在此后通过对更多语料的分析加以证实或证伪。

具体回答以下三个问题：

（1）与英语母语作者相比，母语为汉语的中国作者的英语新闻评论特稿写作通过转述方式所构建的修辞叙事声音有什么特点？两者之间有何共性？两者之间是否存在差异性？

（2）与英语母语作者相比，母语为汉语的中国作者的英语新闻评论特稿写作通过转述消息来源所构建的修辞叙事声音有什么特点？两者之间有何共性？两者之间是否存在差异性？

（3）如果在以上两点有差异，主要表现在哪些方面？造成差异的可能原因是什么？

三　研究步骤

研究分两个阶段进行。第一阶段是语料收集和描写阶段。从《中国日报》收集语料并建立小型语料库后，对语料中体现叙事声音的转述言语进行标注、检索和统计。首先进行标注，依照第三小节确定的分析方面对两个语料库中转述言语的转述方式和消息来源进行手工标注；语料标注完成后，使用 AntConc 3.4.4 软件，对两个语料库中的转述言语进行统计，考虑到每个语篇的长度存在一定的差异，频数以每千词出现的比率进行统计，以保证其可比性；其次，报告统计结果，发现两个语料库中转述言语的分布规律与使用模式，并使用对数似然率检验测试两者之间是否具有显著差异。第二阶段是分析与讨论阶段。通过与英语母语作者进行比较，探索中国作者的英语新闻评论特稿写作中修辞叙事声音的特点，发现并阐释其与英语母语作者的共性与差异性，并探讨其差异形成的可能原因。

第五节　研究结果

首先考察转述言语总体情况。经过对标注后的两个语料库中的转述言语情况进行统计（见表 8.1），在中国作者语料库中出现的转述言语共计 389 次，每千词 4.8 次；英语母语作者语料库中出现的转述言语共计 586 次，每千词 6.0 次。随后，统计转述言语的转述方式情况，统计结果（见表 8.2）表明，两个语料库中断引的使用次数最高，其中中国作者语料库中包含 193 次，占总体引用的 49.6%，英语母语作者语料库中包含 356 次，占总体引用的 60.8%；其次是间接引语，两个语料库中的使用次数为 173 次和 187 次，分别占中国作者和英语母语作者总体引用的 44.5% 和 31.9%；使用比例最低的是直接引语，分别占中国作者和英语母语作者总体引用的 5.9% 和 7.3%。最后，统计转述言语的消息来源情况，统计结果（见表 8.3）显示，两个语料库中消息来源属于具体确切的均占最大比重，中国作者语料库中有 203 次，占转述引语总体的 52.2%，英语母语作者语料库中有 333 次，占转述引语总体的 56.8%；其次是不提及消息来源的转述，中国作者语料库为 150 次，占 38.6%，英语母语作者语料库为 197 次，占 33.6%；含蓄不定的消息来源占比最小，中国作者语料库共计 36 次，占 9.2%，英语母语作者语料库共计 56 次，占 9.6%。

表 8.1　语料库中转述言语总体情况统计

语料类别 \ 统计结果	实际频次	标准频次（每千词）
中国作者	389	4.8
英语母语作者	586	6.0

表 8.2　语料库中转述方式情况统计

转述方式 \ 统计结果	中国作者 实际频次	标准频次（每千词）	占百分比（%）	英语母语作者 实际频次	标准频次（每千词）	占百分比（%）
直接引语	23	0.3	5.9	43	0.4	7.3
间接引语	173	2.1	44.5	187	1.9	31.9
断引	193	2.4	49.6	356	3.7	60.8
合计	389	4.8	100	586	6.0	100

表 8.3　语料库中转述消息来源情况统计

转述方式 \ 统计结果	中国作者 实际频次	标准频次（每千词）	占百分比（%）	英语母语作者 实际频次	标准频次（每千词）	占百分比（%）
具体确切	203	2.5	52.2	333	3.4	56.8

续表

统计结果 转述方式	中国作者			英语母语作者		
	实际频次	标准频次（每千词）	占百分比（%）	实际频次	标准频次（每千词）	占百分比（%）
含蓄不定	36	0.4	9.2	56	0.6	9.6
不提及	150	1.9	38.6	197	2.0	33.6
合计	389	4.8	100	586	6.0	100

为进一步检验两个语料库中转述言语的使用是否具有显著性差异，我们用卡方检验对数据进行了检验处理与分析，结果见表8.4。转述言语的总体使用情况对比检验显示两个语料库存在显著差异，中国作者相比英语母语作者显著少用转述言语，从表8.1的标准频次来看，也说明中国作者比英语母语作者转述言语用得少。从转述方式的比较来看，两个语料库在断引这一方式上存在显著差异，中国作者相比英语母语作者显著少用这一转述方式；在直接引语和间接引语两种转述方式上，两者不存在显著差异。从消息来源的比较来看，两者在表明具体确切的来源上存在显著差异，中国作者比英语母语作者显著少用这一方式；在含蓄不定和不提及消息来源两方面，两者不存在显著差异。

表8.4　　　　语料库转述言语使用情况 χ^2 检验结果

类别	统计结果	中国作者	英语母语作者	χ^2	p值
转述言语总体		389	586	−11.571	0.000
转述方式	直接引语	23	43	−2.533	0.111
	间接引语	173	187	0.953	0.328
	断引	193	356	−22.718	0.000
消息来源	具体确切	203	333	−11.849	0.000
	含蓄不定	36	56	−1.199	0.273
	不提及	150	197	−0.553	0.457

第六节 结果讨论

一 共性及其原因

两组作者在新闻评论特稿写作中转述言语的使用情况存在一定的共性。具体表现在以下几个方面：首先，在转述方式上，两组作者都较多使用断引这一转述方式；其次是使用间接引语，而直接引语都最少使用；再次，在消息来源上，具体确切的消息来源都占最大比重，超过半数的转述言语都给出了具体确切的引用来源；最后是不提及消息来源，含蓄不定的消息来源都占最小比重。这说明两组作者都具有一定的修辞叙事声音意识，试图通过转述他人话语来引入作者以外的声音，形成了不同程度上的修辞叙事的多声性。

产生以上共性的主要原因在于体裁共同的语用修辞特征。新闻评论特稿作为一种新闻话语体裁，有着自己独特的文体特征和修辞原则。

一方面，新闻评论特稿作者的主要写作目的是就某一问题，特别是当下公众热议的问题发表自己的见解，亮出自己的立场，因此，发出作者自己的声音尤为重要。断引这一转述方式可以将外界他者的声音貌似悄无声息地融入作者自己的声音中，模糊了作者和被引用者声音的边界，构成了一个多声融合的评价话语共同体。前文我们已提到，在新闻话语中，断引常有表强调和表不赞成两种功能。作者可借助他人的声音增强自己的新闻叙事，使自己的观点与外界声音打成一片，进一步凸显作者自己的立场；同时，作者也可通过引用他人的声音，嵌入自己的怀疑和讽刺等态度，突出自己的评价者身份，"从而在话语中留下自我的印记"（沈家煊，2001：268）。断引既有强调作用，又可加强评论的姿态，还可使语篇更具有多声对话性，是新闻评论特稿这一体裁最常用的转述他人声音的方式。

另一方面，间接引语的使用远超过直接引语，这也反映了新闻体裁话语的特点和其修辞功能。Fairclough（1995a）认为媒体意图模糊转述者和被转述者话语之间的界限,试图用转述者的声音淹没被转述者的声音,因此趋向于选择使用间接引语,以便媒体所代表的观点能被公众广泛而自然地理解和接受。相比较于其他新闻话语,新闻评论特稿语篇更加注重作者自己观点的形成和传播,通常来看,该栏目的投稿者一般都是高校或研究机构的专家学者,属于社会精英阶层,因此,就某一事件向大众传播自己的看法,对公众的意识形态产生影响是一种潜在的追求。相比较于使用直接引语直接引用他人话语,将他人的话语间接地融入自己的叙事中更有利于突出自己的叙事声音,形成自己的论辩,加强自己观点的劝说性,这符合新闻评论这一体裁的要求。Harry(2014)、沈继荣(2012)、辛斌(2006)等研究的结论也证明了相对于直接引语,新闻话语对于间接引语更加偏爱。

  首先,在消息来源上,两个语料库中都是表明具体确切的消息来源占半数以上的引用,其次是不提及消息来源的引用。通过语料观察,我们发现表明具体确切的消息来源的引语大多源自对重要人物如政府官员和政治要人,以及重要机构如美国政府和联合国等,这些人物和机构相比较于普通民众和一般单位具有更大的修辞权威,因此标明其声音来源可增强作者的修辞叙事效果,因为借助权威的声音就是在塑造自己的修辞人格,"让谁发声"体现了作者的修辞意图。新闻评论特稿因其体裁要求具有明显的修辞劝说性,因此,明确借用权威的声音是作者的修辞策略之一。在消息来源上,紧随具体确切的消息来源之后的是不提及消息来源。其原因根据 Bell(1991:208)的解释为"有些消息来源被视为如此的无可争辩,以至于使用其信息时他们的名字连提也不提。"通过对两个语料库的观察发现,不提及消息来源大多发生在所引用话语的渊源是广为人知的,例如"冷战""和而不同""美国优先"等,因此,如果再加上消息来源就会显得拖沓累赘,降低表达效率。这一点主要是通过引用公众所熟知的声音使其与自己的声音相融合,起到强调或者通过比较突出自己观点的作用,提高对某一新闻事件评论的劝说力。

二　差异性及其原因

  两组作者在新闻评论特稿写作转述言语的使用上也存在一定的差

异性。首先，在转述言语的使用总量上，英语母语作者多于中国作者，两者之间的差异具有显著性；其次，在转述方式上，英语母语作者所使用的断引多于中国作者，两者之间的差异具有显著性；最后，在转述消息来源上，英语母语作者具体确切的消息来源多于中国作者，两者之间的差异具有显著性。

产生以上差异性的主要原因在于文化与修辞传统的不同。民族文化和写作的修辞传统可能导致了两组作者在上述三个方面的差异。

首先，中国作者的转述言语总量远不及英语母语作者，这可能源自中西方不同的修辞观。西方修辞学自古典哲辩师（sophist）时代就非常重视论辩和互动，具有悠久的"对话"（Bakhtin，1981）传统。在这一传统影响下，英语写作更加注重文本声音的多样化，多声性叙事是其重要的特质。Fisher（1980）的叙事修辞分析范式中的叙事理性所强调的"好理由的逻辑"（the logic of good reason）即强调叙事中的双边性、互动性和协商性，说明叙事要有劝说性就需要倾听多方声音，对其予以评论，通过与自身以外声音的互动明辨是非、到达"真理"，唯有如此，叙事才有理性。这自然会增加话语中转述言语的总量，因为事实上转述言语就是"建构的对话"（Tannen，2007：17）。中国作者所处的写作环境深受中国修辞传统的影响，着眼点偏重在说话者，是"言者中心说"（鞠玉梅，2011：7），更加强调发话者或作者自己的"独白"，甚至无言。"事实胜于雄辩""沉默是金"等格言式的名言警句说明中国修辞传统更加推崇行胜于辩，甚至以不善言辞为荣，即使是需要辩的场合出现，也大多是摆出自己的观点和立场即可，较少思考如何使自己的文本通过多种声音的杂糅以增强叙事的劝说性，亦即对话性意识不够强。文本更多的是作者自己的陈述，援引他人声音来支持或凸显自己观点的主动性相比较于西方修辞传统要弱得多。这是造成中国作者评论特稿语篇总体转述言语显著少于英语母语作者的部分可能原因。关于中外作者在其他体裁的对比研究也显示中国作者的转述话语要少于英语母语作者，如 Hu & Wang（2014）关于学术论文的对比研究，高小丽（2016）关于报纸新闻语篇的对比研究，辛斌和李悦（2016）关于演讲语篇的对比研究等，这些研究结果都证实了英语母语作者比中国作者更多引述他人话语。这些研究结论或多或少说明中西不同的修辞传统是造成单声与多声叙事这一差异的重要原因。

其次，在转述方式的分布上，虽然两组作者用得最多的转述方式都是断引，但英语母语作者的使用量远多于中国作者，两者在这一点上存在显著差异。可以说，上述转述总量的差异主要是因为断引的量不同，而在间接引语和直接引语的使用上，两者不存在显著差异。如前所述，断引的形式比较灵活，其功能可表强调也可表不赞同某种观点。它不必整句话引用，因此可节省篇幅，但与此同时又抓住了观点的核心，作者通过双重声音来确定叙事声音的指向，并借用这一外部声音来声援自己的观点，因为"几乎所有的转述言语都有提供证据的功能"（Myers，1999：386），由此为情感、倾向、判断的植入创造机会，从而突出自己的叙事声音。当断引用于表示不赞成时，作者的评论立场更加凸显，他人的声音与作者自己的声音交织，暗含了作者对他人声音的批评，使叙事的修辞效果得以提升，可增强评论特稿文章的可读性，在作者、被引述者、读者三方之间形成互动对话。中英作者在这一点上的差异，一方面是源自前述的中西修辞传统在"互动"这一点上的不同，另一方面可能与中西在评价他人的文化态度上的不同，"西方的人际关系简单，彼此平等独立，情感表露直接，注重营造读者的现场感；而中国的差序人际关系复杂，五伦八德是其规范，情感表露含蓄，注重营造读者的缺场感"（林升栋、刘琦婧，2017：87）。无论是强调还是不赞成，都是一种对他人观点的表态，中国文化在这一点上相对来说较为含蓄，不像西方文化那样直白，尽力避免对他人的评价似乎是一条默认的文化规约。

此外，在转述消息来源上，虽然两组作者用得最多的都是具体确切的消息来源，但两者之间存在显著差异，中国作者的使用少于英语母语作者。具体确切的消息来源清楚指出引语来自某人或某个机构，他人的声音以明显的形式公开地参与到修辞叙事中，形成一种与外部声音直接对话的文本氛围，语篇的互动性得以加强。其原因也同样是上述中西不同的修辞传统。仔细观察两组语料中具体确切的消息来源分别是用于直接引语、间接引语还是断引，我们得出了下列结果：中国作者主要用于间接引语，占具体确切消息来源的65%；英语母语作者主要用于断引，占具体确切消息来源的58%。虽然两组作者标示具体确切消息来源的出处较为相似，据统计，依次出自政要人物、政府机构、知名公司企业、国际机构和专家学者，但断引出处的具体确切更能加强话语的多声性，作者公开直接地将他人声音引入文本，表示赞成或否定都能显现作者对所引述话语的评价和态度，形成一种直接对话或论辩交锋的姿态，语篇的互动对话性和评价性得到了彰显。这充分体现了西方修辞传统对公开论辩的推崇，通过论辩以明辨是非获得真理是西方修辞学自古希腊时代诞生以来一直到现在延续下来的一个典型特征。相比较之下，中国修辞传统向来不倡导过于公开与激烈的当面论辩，谏言（remonstration）而非规劝（persuasion）是中国修辞传统所倡导的方式，含蓄、避免面对面公开对话和争辩是这一传统的特质。因此，个人直陈的重要性远大于双方或多方对话，由此就会产生不同的修辞叙事声音模式。可见，中西不同的文化和修辞传统是产生这一方面差异的一个重要原因。

第七节 小结

本章探讨了中国作者和英语母语作者发表在《中国日报》上的新闻评论特稿版块文章的修辞叙事声音特点，分析了两组作者在转述言语方式和消息来源上的共性与差异性以及由此形成的不同文本叙事声音特点，并对其异与同的原因进行了探索式的分析。

研究发现，双方的共性在于主要通过断引的方式引入外界言语，其次是间接引语，最少用直接引语，双方还趋向于标明具体确切的消息来源，其次是不提及消息来源，最少用含蓄不定的消息来源；双方都具有引入外界声音的意识，都试图通过转述言语来加强自己的修辞叙事；产生这些共性的原因主要缘于新闻评论特稿体裁的共有语用修辞特征。双方的差异性包括在转述言语总量、断引转述方式和具体确切的消息来源上中国作者的使用显著少于英语母语作者；中国作者构建文本的修辞叙事多声性意识要弱于英语母语作者，语篇的对话性、互动性、互文性、评价性和论辩性程度不及英语母语作者，修辞叙事声音多元性构建特征不够明显。造成这些差异的原因或许是中西不同的文化和修辞传统模式。

  本章的研究只是尝试性的探索，尚存在语料不够充足和阐释难免掺杂个人主观性等局限，期待后来的研究能在这些方面予以弥补。

第四部分

二语媒体话语修辞与形象建构研究

第九章 二语报纸社论的国家形象建构

第一节 引言

社论可以看作"国家话语"（national discourse）。"国家话语指的是某人或某个机构，为服务国家利益所从事的口笔头语言行为。这些语言行为表达的是国家意志、民族精神和文化精髓，是国家话语体系的具体体现，是衡量国家话语能力高低的指标。"（文秋芳，2016：扉页）在国际舞台上的沟通与交流，讲究的是代表国家的话语的有效与得体，因此，国家话语是一种重要的能力。国家话语能力是一个国家重要的"软"实力。在国际世界进入新格局、我国的发展进入新时代的今天，开展国家话语研究显得尤为必要。国家话语研究意在探索如何有效与得体地展示国家形象，构建成功的国家话语体系，发现其修辞规律和特点，提高国家话语修辞能力。也就是说，将国家话语研究作为一种手段，目的在于服务国家发展尤其是在国际社会的发展战略方面。

国家话语研究不应是一种宏观上的泛泛而谈，需要落实到具体的研究方面。文秋芳（2016：扉页）认为，"国家话语的研究范围主要涉及4个方面：国家领导人话语、国家机构话语、国家媒体话语和国家外译话语，其载体包括口语和书面语两种。"到目前为止，国家话语体系研究主要以传播学和政治学领域的研究为主，语言学界尤其是外语语言学界的研究才刚刚起步，是一个方兴未艾的研究课题，有待广大外语界学者的积极探索。

本章聚焦国家话语中的国家媒体话语，研究如何通过国家媒体话语构建中国国家形象，向世界讲述恰当得体的中国故事，达成沟通交流的有效性。根据文秋芳（2016：扉页），"国家媒体话语指的是由政府机关负责的纸质媒体、广播、电视及新媒体等发表的正式文章和节目主持人的讲话。"据此，本章选取《中国日报》在中国共产党第十九次全国代表大会（后文简称为"党的十九大"）召开期间（2017年10月18日至24日）发表的有关该会议的社论作为国家媒体话语分析的对象，从功能语言学评价理论的视角探究其国家形象的构建策略，并由此提供策略启示，进而丰富国家话语研究的实践，服务国家发展战略。

第二节　相关文献综述

一　评价理论及其态度系统

评价理论是由 Martin 等人通过对 Halliday 系统功能语言学人际功能的进一步阐发而创造出来的关于语篇评价系统的理论。评价系统关注的是"说话者/作者用来表达特定的评价立场和与实际的或潜在的应答者协商这些立场的语言资源，重点在于对词汇层评价功能的研究"（陈晓燕，2007：40）。评价系统包括态度（attitude）、介入（engagement）和级差（graduation）三个次系统（Martin，2000），它们又各自有自己的次系统。态度次系统是评价系统的中心。本章关注社论语篇的态度系统如何构建国家形象。态度系统"涉及情感表现和反应，对行为的道德判断和对事物的评鉴"（Martin & White，2008：35）。态度系统又可分为情感（affect）、判断（judgment）和鉴赏（appreciation）三个次系统，涵盖心理、伦理和美学三个范畴。情感系统用来表达语言使用者对行为、文本、过程及现象的心理反应，是从情感的角度表达评价。判断系统是根据制度化的规范和道德标准对人或人的行为做出反应，进行肯定或否定的评价。鉴赏系统不是对人或人的行为做出评价，而是对人之外的产品、过程、文本、现象等的评价，评价标准主要属于美学范畴。

二 国家话语之国家形象建构分析

如前所述，国家话语研究的目的是通过分析话语资源，探索构建良好国家形象的话语策略。所谓国家形象，它"是一个综合体，它是国家的外部公众和内部公众对国家本身、国家行为、国家的各项活动及其成果所给予的总的评价和认定"（管文虎，2000：23）。国家形象一方面指国家的自我形象，即某一国家自己塑造或正在塑造的国家形象，另一方面指国家的他者形象，即某一国家在其他国家人们心目中的总体印象和评价。这两个方面的国家形象关系密切，国家的自我形象构建能够影响他者的印象和认知，国家的他者形象也是建立在国家自我形象塑造的基础之上。因此，可以说，国家形象的自我建构显得更为重要。国家形象不是与生俱来的，需要有意识、有目的地对外构建。我国对国家形象问题的关注起步于20世纪90年代，随着国家战略的发展，正日益成为多个学科研究的热点，跨学科研究的局面已经形成，来自不同学科的专家学者显示出对这一课题的极大兴趣。

不容忽视的是，国家形象归根到底离不开语言，离不开话语的塑造和建构。话语如同高楼大厦的砖瓦和基石，是建构国家形象最基本、最重要的媒介。因此，话语可以说是国家形象研究的关键抓手，"忽视对话语这一关键媒介的分析，对国家形象的研究就成为空中楼阁"（张虹，2017：18）。因此，从语言学理论视角探究国家形象的构建途径是十分必要的。目前，这一领域的研究在我国方兴未艾，如董希骁（2016）、江潇潇（2017）、孟炳君（2017）、邵颖（2017）、文秋芳（2017）、詹霞（2016）、张虹（2017）、张佳琛（2017）和周鑫宇（2016）等分别运用不同的语言学理论对国家话语中的国家形象建构问题进行了研究。

评价理论关注语义的建构、权力的谈判以及话语参与者的主体定位等问题，因而，具有较强和较广泛的适用性。评价理论以往多用于批评话语分析和对比分析（如陈晓燕，2007；韩青玉，2011；胡美馨，2014；李伟，2016；唐丽萍，2009，2010；许有平等，2011等）。笔者认为，这一理论也适用于国家话语中的国家形象构建研究。

以英语为媒介的《中国日报》是国家媒体话语的重要组成部分，它面向海外受众，有助于国外受众了解中国，在对外传播以及塑造我国的国家形象方面具有重要的作用。社论语篇是通过对新近发生的重要新闻的评述明确立场、赢得支持，并塑造所代表的国家形象的重要实现形式。因此，本章以评价理论之态度系统为分析框架，探索《中国日报》社论语篇如何实现中国国家形象的话语建构。

三 态度系统分析与国家形象建构

社会建构主义者认为国家不是固定的实体，而是一种构想和建构出的共同体。"话语具有建构功能"已越来越成为众多学科和研究领域所普遍接受的观点。"话语"即实际生活中所说的话和说话的活动，但它并不仅仅是一个语言学概念，早已成为一个典型的跨学科术语，将语言与其他领域研究紧密结合起来，比如语言与政治等。话语是"建构社会现实、体现权力关系和意识形态的社会实践"（Fairclough，1995a：9）。国家形象构建需要通过话语策略的选择影响受众的"社会认知"（Van Dijk，1993：251），进而形成受众对某一国家的印象和评价。

评价理论之态度系统的特点决定了语篇表达与协商态度的话语资源是国家形象建构的重要话语策略，有选择地使用这些资源会引导读者对人、事、物的评价，通过所形成的价值取向凸显和强调国家政府的某些特质，实现形象建构。

第三节 语料与研究步骤

本章选取的语料是《中国日报》在党的十九大召开期间所刊发的社论，共四篇，总计 2295 个词。鉴于语料篇幅较短，我们对语篇中的态度系统资源进行了人工标注，然后运用语料库软件工具 AntConc 3.4.4 对其进行了检索统计，随后从评价理论的视角出发，以国家话语的动态建构观为基础，分析英语国家媒体话语的国家形象建构问题，从而为以服务于国家对外传播为目的的国家媒体话语的国家形象构建工作提供有益的策略启示。

第四节 结果与讨论

一 基本数据

通过对语料的观察和统计，我们发现，首先，在《中国日报》关于党的十九大的社论语篇中，态度资源的出现频率相当高，几乎每一个小句都包含至少一个态度资源。这与社论语篇的语旨有密切的关系。社论语篇的主要功能语旨是发表意见和劝告，特别是对新近发生的重要和重大事件进行评论，以表明媒体及其背后机构的态度和立场，起到影响公众并最终对社会有所改变的作用。这一语旨特征决定了社论语篇中的态度资源比其他报纸语体如新闻报道要丰富得多。其次，还发现，语料中的情感、判断、鉴赏三个类型的态度资源并非均匀分布，表 9.1 展示了它们的分布比重情况：

表 9.1　　语料库中的态度资源类型分布状况

系统	子系统	数量	比例（%）
态度系统	情感	33	13
	判断	97	38
	鉴赏	126	49
	总计	256	100

从表 9.1 可见，在态度系统的三类资源中，鉴赏资源使用的频率最高，占总资源的 49%，判断资源次之，占 38%，情感资源最少，占 13%。可见，鉴赏与判断是社论态度系统的主要来源。这也是与社论语篇的功能语旨分不开的，社论语篇虽意在评价与劝说，但过于情感外露因而给读者造成主观化的印象则是应力图避免的，给人以貌似客观化的评价才能达成影响与劝说的目的。根据系统功能语言学，情感、判断、鉴赏三类态度资源的主观性呈递减次序，而客观性程度则

是越来越高,这自然会降低情感资源的使用比重。判断与鉴赏都是通过将焦点从评价者本人转移到被评价者包括人和物两方面,从而将主观的个人情感、态度和立场转化为被评价人或物的自身属性,以降低评价者的个人主观色彩,以更加隐匿和貌似客观的方式悄然无声地向公众施加影响,这样的劝说效果要远远好于个人色彩过浓的煽情式的劝说。

《中国日报》在党的十九大召开期间所发表的四篇社论语篇遵循了社论语篇的功能语旨要求,即向国内外受众宣传党的十九大精神,加强受众对中国共产党和中国政府的新认识,最终起到劝说与"同一"的修辞效果。这离不开对良好的国家形象的构建,国家形象就是最具劝说力的修辞人格的重要来源途径。下一小节我们将揭示党的十九大社论语篇通过态度资源的使用构建了何种国家形象。

二 从态度资源看国家形象的建构

我们将基于语料分析,对态度系统及其各子系统在社论语篇中使用的目的、表达的含义、发挥的作用以及相互间的关系进行深入解读,揭示《中国日报》以党的十九大为主题的社论语篇为中国塑造了何种国家形象。

1. 国内层面的国家形象建构

在论及国内相关问题时,社论语篇主要选择了四个话题:中国进入了新时代、党和政府要着力解决发展不平衡的问题、提高人民的获得感的发展目标、人民对党的领导充满信心。通过对这几个话题的讨论,社论语篇表明自身观点,并以此构建相应的国家形象,起到引导与影响受众的修辞效果。研究发现,在相关话题的表述中,态度资源成为社论语篇表达自己有关这些话题观点的重要语言资源。例如:

(1) With General Secretary Xi Jinping declaring the dawn of a new era of socialism with Chinese characteristics and redefining the primary contradiction of present-day China in his speech at the opening of the 19th National Congress of the Communist Party of China, the backwardness of social production has officially been rendered a thing of the past.

例（1）是一篇社论的开篇之言，习近平总书记宣布中国进入了一个新的发展时代，这个新时代的主要标记是力图重新定义社会的主要矛盾，解决社会生产力的落后问题。其中的 new、primary、backwardness、a thing of the past 均属于鉴赏资源，定义了何以成为新时代，新时代的主要奋斗目标是什么，即让落后的生产力成为历史。通过这几个表鉴赏的评价词语，作者突出了新时代的特点，一开篇即确定了整个文本的鲜明主题，并构建了在这一新时代中的良好国家形象，即党和政府将在继续推动生产力发展的基础上，将国家建设成为走在世界前列的先进国家，建构了在新的历史时期勇于担当的领导者形象。这一国家形象本身就形成了具有极强劝说力的修辞人格，修辞同一自然就达成了，实现了社论语篇的舆论引导与影响的宗旨。这一点在所选语料中的例子比比皆是，试再举以下三例。

（2）For while the national economic landscape has by and large taken on a new look over the years, and people's livelihoods have dramatically improved, not all areas and people have benefited equally in the process. And given its role in leading national development, and its unmatched command of public resources, the government is in the best position to address the imbalances that have emerged, especially the imbalances resulting from unfair distribution.

（3）Thus, as the country shifts the emphasis of development from speed to quality, the central theme of the new era will be honoring Xi's promise to boost people's sense of gain.

（4）And throughout Chinese society, there is a broadening consensus that the country, as well as the world, needs strong, efficient leadership. That is what Xi and his colleagues have presented, and what they have received praise for, not only at home but also elsewhere.

例（2）包含两个前后承接的句子，第一句为第二句提供了背景和观点提出的缘由。在这两句话中，态度系统之情感、判断和鉴赏资源均有所使用。在前一句中，new、dramatically、equally 分别属于鉴赏、情感和判断资源，描述了中国经济在近些年得到了飞速发展。表鉴赏的 new 用来强调呈现了一个新的面貌，属于情感的 dramatically 强调了得益于经济发展人们生活所发生的根本性的和戏剧性的改变，这一评价词汇的使用充分体现了社论作者对目前人们生活改善的状况的情感上的认同和支持，紧接着属于判断的 equally 与其前的否定词 not 结合起来突出了社论所提出来的问题，为后一句意义的表达做了铺垫，即虽然人们的生活得到了极大的改善，但还存在经济发展所惠及地区和人群不均衡不平等的问题，所以需要解决这个问题。第一句中的三个态度资源的使用帮助社论语篇建构了一个客观分析国家发展状况并注重促进所有地区和人民生活水平均能得到提高的理性的、负责任的、善于查找关键问题的有能力的国家形象。紧接着第二句承接上一句，提出了解决上一句所说的 not equally 问题的办法。第二句中的态度资源包括表判断和鉴赏的 unmatched、best、unfair 和 imbalances，说明政府有能力解决发展不平等的问题。判断资源 unmatched 与 best 属社会评判中的做事才干，强调了政府无可比拟的对公共资源的掌控能力，因此才是解决此问题的最佳执行者。判断资源 unfair 属社会约束中的行为是否正当，与前一句中的 not equally 形成了一定程度上的对应，说明政府特别需要解决的问题是资源分配不均衡所带来的不公平和发展上的不均等。鉴赏资源 imbalances 是该句的关键词，先后重复了两次，突出强调了如要提高全国各地区人民的生活水平必须解决发展的不平衡问题，缩小社会中的贫富差距，逐步实现全体人民共同富裕，"精准扶贫"即是这一理念的体现之一，这也是党的十九大报告的关键词之一。社论语篇紧紧抓住了党的十九大的精髓，通过以上态度资源的使用，构建了一个致力于追求公平与平等和实现全民小康的负责任的政府形象。这是《中国日报》在党的十九大期间发表的社论所力图构建的国内层面的国家形象之一。

例（3）触及党的十九大报告的另一关键词，即提升人们的"获得感"。在这一句中，态度资源也是建构良好的国家形象的重要资源。所使用的态度资源包括情感资源 honoring 和鉴赏资源 speed、quality、central、new、gain。情感资源 honoring 表达了社论语篇对政府所做的提升人民的获得感承诺的正面积极情感反应，显现出作者对这一承诺持极为赞赏的态度。这五个鉴赏性词汇的使用说明了发展由追求速度向追求内涵质量的转变，这开启了新时代发展的主题，强调发展所能给人们带来的获得感是新时代发展的主旨。这五个属鉴赏资源中的反应和价值的评价词汇体现了社论语篇对党的十九大报告的极大认同，与情感资源的正面情感支持一同，建构了为人民谋福利、以人民为中心的国家形象，达到了社论语篇的宣传目标。这也是党的十九大召开期间《中国日报》所构建的国内层面的国家形象所要达到的修辞目的之一。

例（4）属于这一期间所发表的社论的另一主题，即民众对党的领导充满信心。其中包含了态度资源的所有三类资源，其中，needs、praise 属情感资源，strong、efficient 属判断资源，broadening 属鉴赏资源。这里的情感资源属于通过行为过程表达的情感意义，均为积极正面含义，说明中国的发展需要坚强的领导。两个判断资源定义了何种领导力是中国和世界所需要的，均对党的领导予以高度评价。表鉴赏的词汇定义了不断扩大的共识，越来越多的人认识到中国和世界需要强大的、高效的领导，以习近平同志为核心的党中央所呈现的即是这样一种领导力。这些态度资源的使用建构了受全国乃至全世界人民拥护的国家形象，人们对这样的党和政府充满信心，他们有能力带领全国人民走向美好生活新时代，有能力引导世界应对各种新的时代挑战。这也是《中国日报》在党的十九大召开期间发表的社论所建构的国内层面的国家形象之一，良好的国家形象所形成的修辞人格不仅建构了与国内受众的同一，也对国际受众产生了影响。

由此可见，社论语篇谈及国内问题时，着重强调党和政府在新时代社会建设中的积极作为、对全面振兴经济改变发展不平衡问题的坚定决心、对提升人们的获得感以及带领全国人民实现中国梦的坚强自信，为受众展示了党的十九大之后中国未来发展的美好前景，建构了一个致力于经济文化复兴与平等普惠百姓的务实的政府与国家形象。这一国家形象所形成的修辞人格实现了与受众在立场上的同一，激发了感同身受的情绪，有利于语篇与受众在意识形态上达成共识，起到引导与影响公众的修辞目的。

2. 国际层面的国家形象建构

在论及国际问题时,社论语篇主要谈及世界和平、合作共赢以及确立新型国际秩序等话题。通过谈论这些话题,构建中国在国际舞台上的良好国家形象。如前所述,国家形象的建构离不开恰当适切的语言表达,话语资源是良好国家形象大厦的砖瓦基石。社论语篇的劝说性与追求修辞同一性的目的必然离不开富有评价性质的语言资源。本章所关注的评价系统中的态度子系统在所收集的社论语篇语料中不仅在建构国内层面的国家形象起到了重要的作用,同样也在构建国际层面的国家形象中起到了不可或缺的作用。

构建人类命运共同体是党的十九大报告谈及国际关系时的一个极具创新的新理念,在这个观念中,融合了求世界和平、谋共同发展与坚持公平正义的新型国际秩序。这也成为所选社论语篇的重要议题。通过对这些议题的讨论,试图建构有影响力的国际形象,这离不开评价话语资源的建构作用。例如下面选自语料的例子:

(5) The building of a community of shared future for all mankind that General Secretary Xi Jinping proposed in his report to the 19th National Congress of the CPC on Wednesday offers a vision of where such a collective journey could lead.

(6) To create an environment conducive to forging such a community, the world's governing mechanism must be inclusive and accommodating, so that more countries can participate.

(7) By adhering to the principles of amity, sincerity, mutual benefit and inclusiveness, China will strive to work with others to realize the common aspiration of the people of all countries for peace, development, cooperation and progress.

例(5)中的表鉴赏的 shared future 阐述了人类命运共同体的思想,对 community 进行了定义,即一个有共享未来的国际社区,强调的是合作式的互惠发展。属于情感资源的 propose 为通过行为表达的愿望,向世界发出一个求合作、谋共同发展的倡议,期待世界的回应。随后，属于鉴赏资源的 collective 进一步描绘了这一旅程的合作性质，中国和世界上的其他国家属于伙伴关系，我们一同走在发展的旅程中，唯有同呼吸共命运才能到达我们所共同期望的发展愿景。

例（6）中的两个鉴赏资源 inclusive 和 accommodating 定义了世界的治理体制应该是包容性的和与人方便的，这是构建合作共赢发展的机制，也是人类命运共同体形成的必要保障，唯有如此才能吸引越来越多的国家参与这一共同的具有美好前景的旅程。

例（7）使用了具有大量判断资源特质的名词，首先用以阐述中国所遵循的原则，即友好（amity）、真诚（sincerity）、共赢（mutual benefit）和包容（inclusiveness），然后用以描绘人类共同的愿望，即和平（peace）、发展（development）、合作（cooperation）和进步（progress）。这些判断资源实质上都是重在指向中国及其行为，具有积极的正面含义，说明了中国的所作所为是正当的和令人赞扬的。该句中的动词 strive to 为情感资源，表达一种强烈的愿望，也同样具有积极正面意义，说明中国非常希望与世界其他国家一道共谋发展。该句中的另一情感资源为 aspiration，是一种能带来快乐、安全与满意的欲望，与 strive to 一起表示中国希望同世界各国人民一道共同繁荣的强烈愿望，这不仅是中国的愿望，同时也是全世界共同的愿望，置于 aspiration 之前的属于鉴赏资源的 common 即强调了这一点，说明追求和平、发展、合作与进步是所有国家人民的共同诉求。

以上三例说明了社论语篇构建了中国何种国际形象。通过分析得出，借助语言中的态度评价系统，社论语篇构建了一个倡导和平与包容、谋求世界各国合作、追求互利共赢的友好中国形象。这符合党的十九大报告中习近平总书记所指出的人类命运共同体的实质，中国正日益走近世界舞台的中央，中国所关注的是全人类的福祉，所追求的是全世界各国的共同发展，因而才有命运共同体的理念。所以，与此同时，社论语篇也构建了一个为许多国际问题寻找有效解决办法的负责任的大国形象，中国谋求发展的目标不只限于国内，而是要为解决世界问题作出贡献。《中国日报》社论通过话语明确了国家立场，凸显了国家正面形象。这一国家形象所形成的修辞人格力量是社论语篇影响国际受众、形成与国际社会同一的关键因素之一。

第五节　小结

本章从评价理论态度系统的视角分析了《中国日报》在党的十九大召开期间所刊发的社论语篇的国家形象建构问题。研究发现，社论语篇较频繁地使用了态度系统之情感、判断和鉴赏资源，其中鉴赏资源用得最多，其次是判断资源，情感资源用得最少。这些态度资源具有极强的评价性，显现了社论语篇的态度，达到了影响与劝说受众并与公众达成同一的修辞目的。这些态度资源建构了显著的国家形象，分别表现在国内和国际层面。在国内层面，主要建构了新时代党和政府的新形象，主要呈现为有能力有信心解决发展的不平衡问题、促进人民的获得感、带领全中国人民走向美好生活新时代的勇于担当心系民生幸福的新形象；在国际层面，主要建构了在新的国际秩序中中国的建设者、贡献者和守卫者的国家形象，具体呈现为有能力、负责任、讲究公平正义、追求合作共赢、引领全世界各国相互尊重谋求共同繁荣构建人类命运共同体的大国形象。

通过研究，我们对国家媒体话语的国家形象建构提出以下几条策略建议。第一，要高度认识到话语的建构力，重视对话语资源的开发与利用，使语言形式更好地服务于内容，更有效地建构国家形象。第二，需依据修辞场合与需求的不同，选择恰当的话题和话语策略，通过描述和评价性语言形式明确立场，建构适宜的国家形象。第三，国家话语在很多情况下往往与政治话语相重叠，要打破政治话语僵硬和空洞的说教刻板印象，注重与受众的心理互动，在语言上留下对话与沟通的空间，切忌使用一成不变的政治套语和官腔，切忌使用言语犀利的"高""冷""硬"刚性话语，可适时地增加柔性亲民话语或增加多元化的引用来源，突出语言的多样化和个性化，建构更具有接受度、更易与受众达成修辞同一的国家形象。第四，良好的国家形象建构离不开价值观的塑造和传播，发展、和平、正义等都是具有普遍认同价值的概念，在认可这些价值观的基础上，还需不断创新，创造出一些更加鲜活的、更具有中国特色的话语模式，比如"获得感""人类命运共同体"等新表述创新性地表达了极具创新价值和中国特色的新概念、新范式与新理念，使它们成为中国国家形象的新标签，成为建构有中国特色的修辞人格的新元素。第五，加强对国外不同国家和地区国家话语的研究，了解其受众的文化、思维与修辞习惯，熟悉他们的话语模式，把握其国家形象建构的话语策略，为我国对外交往中的国家形象建构提供有价值的参考。

到目前为止，评价系统分析的研究重点在于分析话语中，特别是政治话语中的意识形态，揭示其背后的权力运作机制。因此，本章丰富了评价理论的应用分析实践，充实了针对语篇评价资源和国家形象建构关系的研究，为国家话语研究提供了一个分析的视角。今后，可进一步丰富国家话语研究的语料，更全面地探讨评价话语和全球化背景下国家形象建构的关系。

第十章　二语网络媒体话语的区域形象建构[①]

第一节　引言

国家形象日益成为一个受关注度较高的研究话题，省区是国家的组成部分，省区形象的建构与传播自然也是国家形象构建与传播的重要组成部分。修辞不仅关涉话语发出者的单方表达问题，还包括话语接受者如何接受的问题，以及接受者如何再通过传播进行转述的问题。因此，国家形象修辞研究不仅应关注国家形象的自我话语构建问题，还应考察外部世界对其形象的认知和话语再构建问题。所以，我们需要同时关注国家形象的自我建构与传播及其传播效果，没有对传播效果的关注，修辞就成了单方的自说自话，这与日益加强互动的全球化国际社会的特点格格不入，遑论国家形象的建构成功与否。

本章以山东省在打造"好客山东"这一品牌区域形象的话语修辞建构为例，试图探究区域形象修辞的话语建构与对外传播及其传播效果问题，以期为国家文化传播战略提供具体的案例分析。

第二节　研究背景

所谓形象，"指人们所持有的关于某一对象的信念、观念与印象"

[①] 本章在鞠玉梅（2020a）的基础上修改完成。

（Kotler，1997，转引自孙有中，2002：14）。那么，区域形象就是一个区域所呈现出来的能引起人们上述心理活动的具体形象或姿态，是公众对该区域的整体印象和综合评价。区域形象的重要性如同国家形象一样不言而喻，它不仅是一种品牌，更是一种文化软实力，影响人们对该区域形象的认知，同时也影响其经济及社会各方面的发展。

区域形象是如何呈现的？又是如何激起人们的认知和情感反应的？语言无疑是其中至关重要的因素，因为语言是形象呈现的重要媒介，同时也是受众理解与接受其形象的重要渠道。进一步说，任何用语言甚或非语言进行的表意行为，都是一种修辞行为，因为"人一旦运用语言，就不可避免地进入修辞环境"（鞠玉梅，2017：36），而修辞即是一种有意图、有动机的话语行为。因此，区域形象的建构不仅仅是一种具有浓郁政治色彩的宣传行为，更是一种具有强烈沟通意图的修辞行为。

以往关于区域形象的研究主要在非语言研究领域进行，诸如营销学、管理学、经济学、美学、传播学等学科将形象视为一种事先给定的社会物质存在，探讨其塑造和管理问题。近年来，随着人文社会科学研究的话语转向，国家形象包括区域形象逐渐被看作话语互动过程中构建出来的并随之不断变化的动态形象。学界开始注重从话语的角度研究区域形象，并首先发端于对城市形象的研究，例如，Flowerdew（2004）研究香港特区政府如何通过话语构建香港的"世界一流城市"区域形象；施旭（2008）从文化话语研究的角度分析话语对杭州城市形象构建和发展的影响；袁周敏（2018）同样以文化话语研究的视角从话语主体、话语主题和话语形式三个方面考察了南京城市形象的话语建构。此类研究虽然已意识到话语对于构建区域形象的关键作用，但主要是从话语发出者一端探讨构建了何种区域形象，并未从话语接受者一方探索其形象传播的接受和反馈状况，对传播效果并未给予足够的重视。我们认为，国家（区域）形象构建的主要目的在于提升国家或各类机构的对外总体印象和话语效力，因此，形象构建的修辞话语是否被接受以及如何被接受和反馈比构建了什么形象在对外传播意义上来说显得更为重要。可喜的是，随着国家文化对外传播战略的开展，学界对中国形象接受端的研究越来越关注，涌现了数目可观的关于中国文化的海外接受问题研究，例如钱毓芳和 Tony McEnery（2017）、王丽雅（2013）、辛红娟等（2014）、杨四平（2013）等研究。区域形象作为国家形象的重要组成部分的修辞构建与传播研究也逐渐引起人们的重视，例如白丽娜和周萍（2013）调查了内蒙古的国内外形象，呈现了英语、德语、法语国家受众对内蒙古区域形象可能存在的认知，何少娴和尤泽顺（2016）调查了福建的省内外、国内外形象，并对其省区形象的国内外传播效果进行了评估。但以上研究是在区域形象的省内、国内构建与传播的基础上比对国外有关话语进行的，并未建立在对其对外形象构建与传播话语分析的基础上进行，而且以上研究主要还是对文本内容和话题进行分析，并未充分运用话语研究的语言分析优势，没有充分挖掘文本中的语言使用及其意识形态构建力，使其研究结论受到了一定的局限。

第三节 分析框架

批评话语分析（Critical Discourse Analysis，CDA）旨在通过分析语篇的语言特点以及语篇生成的社会历史语境，揭示语言、权力和意识形态之间的关系，进而表明话语是如何被社会现实塑造同时又是如何影响社会现实的。因此，CDA 将话语看作一种社会实践，并致力于探讨话语与其他社会实践之间的辩证关系。话语是所有社会过程中不可或缺的一部分，它不可避免地与意识形态和权力交织在一起，但是人们很难意识到话语中所隐含的权力关系，即使他们身处其中也浑然不觉。这源自语言强大的自然化功能，这使很多"真实现实"和"客观事实"理所当然。CDA 试图通过分析话语中那些"平常的"意义，揭示潜藏于语言背后的权力关系和意识形态。CDA 认为通过话语所构筑的权力目的在于带来社会变革，因此 CDA 也关注话语与社会变革之间的关系（如 Fairclough，1992）。正是在对话语的意识形态构筑以及话语所能带来的社会变革这两点的关注上，CDA 与修辞学有着共同的追求。Kenneth Burke（1969：41）将修辞定义为："人使用词语形成态度或导致他人采取行动。"这个定义清楚地说明了修辞的追求是影响与改变，正如刘亚猛（2004：247）所说，"'以便生效'是修辞最为本质的工作原理"。修辞与批评话语研究意义上的话语分析都是通过着眼于分析话语中的语言现象将话语与社会实践联系起来，考察话语对社会现实的构建以及这种构建所带来的社会效果。这与本章的研究目的完全一致。至于分析哪些具体的语言现象，M. A. K. Halliday 的系统功能语法关于语言功能的研究可作为相应的语言分析框架。

互文性（intertextuality）概念的提出始自于20世纪60年代法国文论家 Julia Kristeva 提出的文本理论，自此互文被后结构主义文论家们看作文本的重要特征。其最常见的观点为"每个文本都是对其他文本的吸收和转化"（Kristeva，1986：37），即文本不是一个孤岛，不可能单独存在，每一个文本都与其他文本相互关联，并通过吸收、重组等方式与其他文本产生联系。自20世纪90年代开始，互文性概念被运用于对非文学语篇的分析中，语言学家们主要从批评话语分析的角度对互文性进行解读，阐释互文性如何通过"对现有话语秩序进行生产、再生产和转换，实现对现有社会结构和权力关系的生产、再生产和转换"（辛斌，2000：237）。互文性分析一方面分析文本与文本之间的关联，即在多个相联系的文本中找到共享的"声音"（voice），另一方面分析文本中对其他文本的引用或转述，从而发现文本之间、文本与社会实践之间的相互联系。

第四节 研究设计

一 研究方法

传统的批评话语分析和修辞分析常被诟病为过于主观，原因在于其过多依赖分析者对个别文本的主观阐释，缺乏坚实的数据支撑。我们借助语料库技术进行话语修辞分析，在语料库工具的辅助下，可在一定程度上提高分析的严谨度和精确性，减少分析者的偏见。我们主要采用语料库的词频分析、主题词分析、索引分析和搭配分析等手段。因此，本章的话语修辞现象分析框架结合语料库语言学、Halliday 功能语言学和互文性理论，重点对语料中的主题词、主题词搭配、情态词、互文消息来源、转述动词进行分析。

二　语料来源

网络是信息时代最强大的传播工具，因此，本章语料选取并非来自传统媒体，而是来自互联网。研究者以 friendly Shandong 这一关键词为主题检索词，在 2018 年 7 月 16 日从 www.google.com 中检索与此相关的语篇，共得到检索结果 2290000 条，去除了其中的图片、地图、视频和非英语语篇，选取了前 20 页的相关信息。我们对检索信息进行了中外分类，建立了两个小型语料库。一个是信息发布方为中国机构的英语文本语料库（以下简称中方语料库），共 12677 词，另一个是信息发布方为中国以外机构的英语文本语料库（以下简称外方语料库），共 13378 词。语料库质性标注工具为 BFSU Qualitative Coder 1.1，统计工具为 AntConc 3.4.4。

三　研究问题

通过以上研究方法，本章回答以下三个研究问题：

（1）"好客山东"中方网络对外传播话语构建了何种山东区域形象？

（2）"好客山东"外方网络传播话语所构建的山东区域形象与中方网络对外传播话语所构建的山东区域形象有何相同和不同之处？

（3）"好客山东"中方网络对外传播话语的修辞效力如何？

第五节　结果分析与讨论

一　主题词分析

将观察语料库与参照语料库进行对比，可得到在频率上明显高于参照语料库的一列词，称为主题词。研究的参照语料库为美国当代英语语料库（COCA），借助 AntConc 3.4.4 语料库软件，检索出了观察语料库中的主题词，将其依照关键值排序，如表 10.1、表 10.2 所示。关键值越高相应主题词所反映的信息越重要，表 10.1、表 10.2 分别列出了中外语料库中最具代表性的前 40 个词。

表 10.1　　　　中方语料库前 40 个关键词统计

序号	标准化频率（每千词）	关键值	关键词	序号	标准化频率（每千词）	关键值	关键词
1	24.93	3104.47	Shandong	21	2.60	126.20	industry
2	8.68	795.95	China	22	1.26	117.48	Beijing
3	5.12	564.97	province	23	1.18	112.10	publishing
4	3.63	424.10	Confucius	24	0.86	108.06	SDU
5	3.16	392.97	Jinan	25	0.86	108.06	Yantai
6	4.57	332.39	Chinese	26	1.26	108.02	Culture
7	2.60	298.91	enterprises	27	1.81	107.33	products
8	2.36	294.72	Qingdao	28	0.78	98.24	Rizhao
9	3.70	245.90	cultural	29	1.26	97.36	platform
10	4.25	245.01	culture	30	1.02	96.37	Cultural
11	1.97	218.64	provincial	31	1.02	90.53	agricultural
12	1.65	198.18	Tai	32	1.02	90.53	festival
13	1.49	178.73	Lu	33	1.18	85.43	industrial
14	1.49	173.48	Friendly	34	0.78	84.24	Confucianism
15	1.34	167.01	yuan	35	1.89	83.32	development
16	1.57	160.69	kilometers	36	1.26	83.23	friendly
17	1.57	156.32	Yellow	37	1.18	82.88	Mount
18	1.41	152.82	Province	38	0.70	81.93	Provincial
19	1.10	137.54	Qi	39	1.41	80.49	cities
20	1.41	133.18	tourism	40	0.63	78.59	Mencius

表 10.2　　　　　　　外方语料库前 40 个关键词统计

序号	标准化频率（每千词）	关键值	关键词	序号	标准化频率（每千词）	关键值	关键词
1	19.14	2494.96	Shandong	21	1.34	97.59	east
2	9.80	967.22	China	22	1.12	84.95	Development
3	4.48	567.11	Friendly	23	2.01	82.95	area
4	4.70	541.19	province	24	0.82	81.46	Peninsula
5	3.88	526.28	Qingdao	25	0.97	80.85	Gold
6	2.31	302.12	Jinan	26	0.82	78.29	Global
7	2.09	272.88	Weihai	27	0.59	77.96	Dongying
8	2.24	267.80	Confucius	28	0.59	77.96	Qi
9	3.66	263.38	Chinese	29	0.59	77.96	Zibo
10	1.71	224.15	Yantai	30	0.82	74.30	Beijing
11	1.71	205.60	dynasty	31	0.67	74.26	Tourism
12	1.42	185.17	Qufu	32	0.82	73.12	Temple
13	1.34	167.60	tariffs	33	0.59	71.70	birthplace
14	1.34	133.46	Zone	34	0.59	71.70	Technological
15	1.12	123.77	provinces	35	0.89	69.95	eastern
16	0.97	119.50	Tai	36	0.82	69.94	Economic
17	0.89	116.95	Weifang	37	0.67	69.54	Province
18	2.76	116.41	market	38	1.04	68.57	zone
19	1.19	116.24	Airport	39	0.74	68.56	partnership
20	0.82	107.20	Rizhao	40	0.74	68.56	Yellow

通过对表 10.1、表 10.2 中主题词的分析，我们可以大致看出中外媒体所构建的山东区域形象存在某些相似之处，所涉及的方面涵盖了山东的诸多方面，包括地理位置、儒家文化、自然风貌、旅游、经济、工业、农业、产品、发展、历史、主要城市以及山东人热情好客的特性等。但是，中方对外传播媒体更突出文化，尤其是以孔孟为代表的儒家文化，在城市介绍上也主要以济南和青岛为主，中心意识比

较凸显;而外方媒体虽然也提到了孔子,但没有像中方媒体那样给其突出的关注和中心地位,此外,外方传媒对于与经济发展的相关方面比中方更重视,比如对关税、市场、贸易区、金矿、全球化、高新技术区、伙伴合作关系等更关注,在城市介绍方面,也没有过于突出济南、青岛,对更多城市比如威海、曲阜、潍坊、淄博、东营等也给予了充分关注。由此可见,中方媒体中的山东形象立足于儒家文化,着重强调山东对于中国传统文化的贡献,围绕文化来构建山东形象的意味更强一些,所构建的是《论语》中所言的"有朋自远方来,不亦乐乎"的好客山东人形象;外方媒体中的山东形象更加多元化,且强调山东在全球化时代所具有的经济发展优势,构建了一个资源丰富与充满合作发展机会的山东形象,另外,除此之外,外方媒体所构建的多元化山东形象也包含一些负面形象,比如环保问题等。

接着分析两个语料库中相关主题词的索引行,考察其词语搭配关系。词语的意义是语境选择的结果,因此中外媒体对山东形象的构建也体现在相关主题词周围词语意义的选择上。我们分析了双方前六个主题词的相关索引行,由此得出了中外媒体对于山东形象构建的具体的相同和不同之处。相同之处包括以下五个方面。

1. 作为中国传统文化贡献者的山东。中外媒体都涉及孔子及其所代表的儒家思想,认为儒家思想无论是对中国还是对世界都产生了重要的影响。例如下面来自语料的例子:

(1) Shandong History would not be integrated without Confucius. Confucius, who was born in Qufu, the capital of Lu State, in ancient times, was one of the world's greatest thinkers. He created the Confucian doctrines, which have become the pillar of traditional Chinese culture, and have influenced sophisticated thinking throughout the world. (中方语料库)

(2) The most well known humanity of Shandong is Confucianism. Each year thousands of people come to Shandong to visit and learn about Confucius' culture. (外方语料库)

在这一方面,需要指出的是,两者虽有较大的相似之处,但也有些许微妙的差异。从语料上来看,中方媒体对孔子及其儒家文化的关注和强调要多于外方媒体,外方媒体似乎对儒家文化之外的其他山东文化涉及得更多一些。试对比以下两例:

(3) Shandong is the hometown of Confucius. When people talk about Shandong, they always say, to learn about China, start with Confucius; to learn about Confucius, start with Shandong. (中方语料库)

(4) Shandong is one of the cradles of the Chinese civilization. It is the birthplace of a great number of historical and cultural figures who still have influences today on Chinese culture and even the world culture: Confucius, the founder of Confucianism; Mo Zi, the founder of Mohism; Zhuang Zi, the representative figure of Taoism, etc. (外方语料库)

例(3)给予孔子在山东文化乃至中国文化独一无二的地位,例(4)将孔子的儒家思想看作山东文化的一部分,墨子的墨家思想和庄子的道家思想等与其具有平行的地位。这在一定程度上也反映了中西文化一个方面的差异,即是否崇尚中心、树立权威。

2. 旅游资源丰富的山东。中外媒体都谈到山东有丰厚的人文与自然旅游资源,不仅有世界级的文化遗产和历史文化保护景点,也有景色壮美的山川江河等自然景观。例如下面来自语料的例子:

(5) Shandong abounds with tourism resources, including 2 World Heritage sites, 6 Historic and Cultural Cities, 100 key cultural relic protection sites, 5 national scenic areas, 7 national-level nature reserves, 10 national geological parks, and 80 national intangible cultural heritages. (中方语料库)

(6) Shandong abounds with tourism resources, including 4 World Heritage sites (Mount Tai, the Confucian Compound, the Great Wall of Qi, and the Shandong section of the Grand Canal), many historic and cultural cities, key cultural relic protection sites, national scenic areas, nature reserves and national intangible cultural heritages. (外方语料库)

3. 慷慨大方、热情好客的山东。中外媒体在描述山东人的特性时,都无一例外地会谈到山东人的好客,可见,"好客山东"这一文

化和旅游标签设置的传播效力达成了很好的效果,起到了应有的宣传作用。例如下面来自语料的例子:

(7) "Isn't it delightful to have friends who share my ideas coming in from afar?" proclaimed by Confucius. Like our ancestor Confucius, people of Shandong are down-to-earth and generous. We sincerely welcome all visitors. (中方语料库)

(8) The people from Shandong are known for their hospitality and therefore the slogan of Shandong province is "Friendly Shandong". (外方语料库)

4. 农业发达、农产品丰富的山东。中外媒体都认为山东是中国重要的农业基地,农产品产量大、品质好,在中国农业中一直占据领先地位。

(9) Shandong is predominant in agriculture, renowned as "China's most outstanding agricultural province". This down to the value it places in its agriculture as well as its outstanding agricultural output of vegetables, fruits, meat and aquatic products. (中方语料库)

(10) As one of China's major agricultural production bases, Shandong is known for the production of grains, fruits and vegetables, oil crops, aquatic products and animal by-products. The total value of Shandong agriculture has been in the top place in China for over a decade consecutively. (外方语料库)

5. 富有美食传统的山东。"民以食为天",山东美食也是中外媒体都谈及的一个方面,是构成何为山东的一个重要方面。作为中华美食体系的一个不可或缺的组成部分,山东美食是中外游客到山东必须体验的方面之一。例如下面来自语料的例子:

(11) Shandong cuisine, more commonly known in Chinese as Lu cuisine, is one of the Eight Culinary Traditions of Chinese cuisine and is also ranked among the Four Great Traditions. (中方语料库)

(12) Shandong cuisine (鲁菜) is one of the eight great traditions of Chinese cuisine. It can be more finely divided into inland Shandong cuisine

(e. g. Jinan cuisine); the seafood-centered Jiaodong cuisine in the peninsula; and Confucius's Mansion cuisine, an elaborate tradition originally intended for imperial and other important feasts. （外方语料库）

以上五个方面是中外媒体话语所构建的山东形象之相同或相似之处，包括文化、旅游、性格、农业和美食。中外媒体话语中的山东形象的不同体现在哪里呢？具体表现在以下两个方面。

1. 中方媒体还在以下几个方面刻画山东形象："红色文化"、"好品山东"（"好客山东"的姐妹品牌）、高等教育国际化、文化产业的兴盛。外方媒体没有涉及这几个方面。例如下面来自语料库的例子：

（13）In modern times, Shandong people were devoted to Chinese national and democratic revolution, thus fostering the distinctive and valuable red culture. Yimeng spirits, developed in revolutionary wars, is an integral part of the remarkable spirit of the Chinese nation. （中方语料库）

（14）"Ho'ping Shandong" (literally meaning "fine products of Shandong") is a project launched and supported by the Shandong Provincial government and designated as a collective brand name for Shandong's enterprises and their products. Taking advantage of the brand-building efforts of its sister project "Ho'ke Shandong" (friendly Shandong), "Ho'ping Shandong" further elevates the image of Shandong enterprises and products. （中方语料库）

（15）The international education of SDU features its education scheme of "Enjoy Chinese Culture and Share Chinese Opportunities". （中方语料库）

（16）It already has 71 provincial culture industry demonstration bases and six State-level bases, such as the Qufu Culture Industry Park, which focuses on Confucius-related businesses and is expected to have annual revenues of 10 billion yuan in five years. （中方语料库）

由此看来，外方在以上几个方面对山东的了解还不够，因此，我们要有选择地加大对外宣传的力度。笔者认为，由于社会文化环境不同，在对外传播话语的选择上要有所取舍。同时，我们还应加强重视，探索构建更多的对外传播话语。"好品山东"的传播效力远不如"好客山东"，但在某种程度上来说，"好品山东"这一品牌对于山东的经济社会发展更有价值，让更多的人了解山东的发展实力比了解山东人的好客性格或许更能吸引外界的目光，因此，对"好品山东"的推介需要格外重视和加强。同样，对于文化产业，也需要注意不仅要在介绍山东的传统文化本身还要推介我们的文化产业，这对于山东的经济与社会发展更有促进作用。在高等教育国际化方面，我们也做得远远不够，如何对外宣传山东高校，吸引外界对山东高等教育的关注，也是建设"双一流"大学和学科的必要条件，需要增加这方面的宣传力度。

2. 外方媒体还在以下几个方面谈及山东形象：经济大省、物产与资源丰富、工业发达、环保问题。前三个方面为正面形象，第四个方面为负面形象。中方媒体没有涉及这几个方面。例如以下来自语料库的例子：

（17）In recent years Shandong, especially eastern Shandong, has enjoyed significant economic development, becoming one of the richest provinces of the People's Republic of China.（外方语料库）

（18）Shandong ranks first among the provinces in the production of a variety of products, including cotton and wheat as well as precious metals such as gold and diamonds. It also has one of the biggest sapphire deposits in the world. Other important crops include sorghum and maize. Shandong has extensive petroleum deposits as well, especially in the Dongying area in the Yellow River delta, where the Shengli Oil Field (lit. Victory Oilfield) is one of the major oilfields of China. Shandong also produces bromine from underground wells and salt from sea water. It is the largest agricultural exporter in China.（外方语料库）

（19）Shandong is the biggest industrial producer and one of the top manufacturing provinces in China.（外方语料库）

（20）Local officials in Shandong lack awareness of environmental issues, according to the ministry statement.（外方语料库）

由此可见，外方对这几个方面比较感兴趣，而我们的对外传播话语缺乏对这几个方面的足够重视，因此，应加强这几个方面的传播力度和效力。总体来看，如前文所述，我们的对外传播话语过于重视山东的传统文化和山东人的慷慨好客，而对能有效促进山东经济社会发展的方面重视远远不够。比如以上的例（17）对山东半岛经济发展的介绍，强调了其富饶，所构成的吸引力不低于对山东半岛文化的介绍；例（18）对山东整体资源的介绍能够使人民更全面地了解山东所具有的整体资源优势，对于助力外界对山东的发展潜力评估有益；例（19）对山东工业尤其是制造业的介绍，构建了山东的中国制造业大省的形象，对外界的影响不可小觑。以上三个方面的正面形象值得我们的外宣话语借鉴。例（20）显现了外界对山东环保问题的关注，其实，长期以来，环保问题就是建设山东正面形象的一个不得不面对的问题，政府在治理环境方面做了很多工作，也取得了有目共睹的成效，因此，我们在对外传播话语体系的构建过程中，应把环境和环境治理方面纳入其中，使外界了解我们在环保方面所做的改变和所取得的成绩，以改变外界对山东环境差的刻板印象，从而进一步提高外界对山东的认可度。

二 情态分析

情态是系统功能语言学中体现人际功能的重要手段，具有建立、调解以及维持人际角色和社会关系的作用。情态总是与"评价"或"态度"相连，因而情态系统分析可以有效阐释话语发出者对所述人物或事件的评价态度，以及其如何影响受话者的看法。情态意义的实现方式包括情态动词、情态形容词、情态副词、时态、人称代词等，其中情态动词是最主要也是最基本的实现方式。Halliday（1994）将情态动词从强弱程度上按照高、中、低三个值分类，如表10.3所示。情态值越高意味着发话者对所述命题的态度越肯定，同时对命题真实性所承担的责任以及对未来行为做出的承诺和承担的义务也越大；反之则越不肯定，承担的情态责任也越小。

表 10.3　　　　　　　　情态动词的情态量值分类

情态量值＼归一性	高	中	低
肯定	must, ought to, need, has/had to	will, shall, would, should, is/was to	can, may, could, might/dare
否定	mustn't, oughtn't to, can't, couldn't, mayn't, mightn't, hasn't/hadn't to	won't, wouldn't, shouldn't, isn't/wasn't to	needn't, doesn't/didn't + need to, have to

本研究依据以上情态动词分类，对中外语料库中表达与山东相关命题的情态动词按高、中、低三个值进行标注统计，以考察媒体对山东的评价和态度，最终得出的各类具体情态动词使用如表10.4、表10.5所示。

表 10.4　　　　　　　　中方语料库中的情态动词

情态值	情态动词	频数	百分比（%）
高	must	2	6.25
	has to	1	
中	will	30	75.00
	should	2	
	would	4	
低	can	7	18.75
	may	2	
合计	7	48	100

表 10.5　　　　　　　　外方语料库中的情态动词

情态值	情态动词	频数	百分比（%）
高	must	1	3.70
	need	1	
中	will	14	51.85
	should	5	
	would	9	

续表

情态值	情态动词	频数	百分比（%）
低	can	11	44.45
	may	6	
	could	6	
	might	1	
合计	9	54	100

由表 10.3 和表 10.4 可见，中外语料库的情态动词使用具有相似之处。首先，情态动词的使用在中外语料库中所占比例均很小，每千词标准化频数分别为 3.79 和 4.04，这表明中外方媒体都尽量避免使用情态动词，以使其话语呈现出更强的客观性。其次，中外语料库中三类情态动词的使用分配比例相似，中值情态动词使用数量最多，所占比例超过半数，低值情态动词的使用比例位居第二，高值情态动词所占比例最小，均不到 10%，这主要取决于所讨论的话题是否适宜使用中值情态动词，目的也是促进话语的客观中立性。

中外语料库中的情态动词使用也表现出一定的差异性。首先，在三种情态动词的分配比例上，虽然均为中值情态动词使用最为频繁，但中方语料库主要集中于中值情态动词，比例高达 75%，其他两类的比例很小，而外方语料库的中值情态动词仅略高于低值情态动词，亦即外方语料库中的低值情态动词使用比例也较高，远超于中方语料库。其次，中外语料库在情态动词的使用多样化上存在不同，中方语料库主要集中于中值情态动词，其中主要集中于 will 这个词上，占其情态动词使用的 62.5%，占中值情态动词的 83.33%，几乎可以说，中方情态动词的使用主要归功于 will 这个词，而外方情态动词的使用类型总数量多于中方语料库，也没有出现某一个情态动词过于集中使用的现象，虽然 will 也是使用最多的词，但其占情态动词的使用比例为 25.92%，远低于中方语料库的情况。此外，外方语料库对低值情态动词的使用不仅比例远高于中方语料库，而且还使用了 could 和 might 这两个中方语料库没有使用的低值情态动词。

对于以上三个方面的差异，笔者认为，这说明了两个方面的情况。第一，中方媒体比外方媒体对所述之事即山东持更加积极的评价态度，语气更多的是肯定的，也希望以此影响受众的态度，即促进外界对山东的认可。相比较之下，外方媒体使用了较多的低值情态动词，尤其是对 could 和 might 的使用，似乎可以看出，外媒对山东并非总是持有积极的评价态度，表现出迟疑不肯定的心态。试比较下面来自中外语料库的两例中 will 和 could 的使用。

（21）Based on the principle of deepening friendship, promoting cooperation, mutual benefit and common development, the two sides will establish friendly cooperative relations, carry out cooperation and exchanges in professional basketball games and club operation, establish information exchange and liaison mechanism, conduct mutual visits and personnel exchanges, share media news and relevant data, explore commercial operation pattern for professional sports, and cultivate young basketball talents.（中方语料库）

（22）These exchanges and cooperation show "that Philippine relations with China are moving on the right track. The two provinces could work together for win-win results in the future", said the Head of the Chinese Consulate in Ilocos Norte, Mme. Wang Jianqun.（外方语料库）

第二，中方媒体对 will 的集中使用除了表达肯定的语气外，笔者认为，还与另一方面的因素有关，即对情态动词的习得。will 是学习英语情态动词较早习得的一个词，同时由于其适用的语境范围较广，故容易被非母语者过度使用。使用频率位居第二的情态动词 can 的情况与此类似。以往的研究也曾发现中国英语学习者存在过度使用 will 和 can 而较少使用 might 和 could 的情况（如梁茂成，2008；郑群、彭工，2009）。

以上通过对中外语料库中的情态动词进行分析，可以看出，关于这一话题，我们的对外传播话语总体是值得肯定的，构建了积极正面的山东形象，并试图影响受众也持相同的评价态度。但为了进一步提高传播效力，笔者认为，有两个方面需要注意：其一，有时语气过于肯定，容易造成不容置疑咄咄逼人的气势，不利于与受众沟通并形成良好的人际互动，因而，需适时调整语气，增加委婉间接表达的比重，更好地实现语篇的人际意义，提高语篇的可接受度；其二，需注意增强情态动词使用的多样化，克服过度集中于某几个词的单一状况，提高语篇的可读性，从而达到更好的交际效果。

三 互文性分析

本小节主要分析文本中对他文本的引用或转述。我们聚焦中外媒体语篇中对消息来源话语的转述，具体从消息来源和转述动词两个方面进行分析。媒体话语从来就不是绝对客观公正的，相反，引用谁、引用了什么以及如何引用具有很强的选择性。互文什么以及如何互文都是发话者的选择，以服务于其观点、态度和立场的表达。

首先，我们统计中外语料库中的转述动词。Geis（1987：130-132）把一些常用的转述动词按其可能引起的感情色彩分为积极的（positive）和消极的（negative）。积极转述动词如 promise、agree、praise 等塑造富有褒扬色彩的正面成功者形象，消极转述动词如 brag、complain、claim 等则给人一种充满负面与否定的失败者形象。此外，Bell（1991：206）还列举了新闻媒体语篇中常用的中性转述动词如 say、tell 等。中性转述动词虽不表达隐含的褒贬信息和评价态度，但同样可对读者产生潜移默化的影响。本研究依据 Bell（1991）、Geis（1987）的分类，对语料中的转述动词进行了检索，得出了统计结果，见表 10.6。

表 10.6　　　　　　中外语料库中转述动词统计

语料库	转述动词	频数	标准化频率（每千词）	占总数百分比（%）	消息来源对山东的评价态度	
中方语料库	积极转述动词	21	1.66	55.26	积极的	20
					消极的	0
					中性的	1
	消极转述动词	0	0	0	积极的	0
					消极的	0
					中性的	0

续表

语料库	转述动词	频数	标准化频率（每千词）	占总数百分比（%）	消息来源对山东的评价态度	
中方语料库	中性转述动词	17	1.34	44.74	积极的	13
					消极的	0
					中性的	4
	合计	38	3.00	100		38
外方语料库	积极转述动词	13	0.97	16.67	积极的	11
					消极的	0
					中性的	2
	消极转述动词	1	0.07	1.28	积极的	0
					消极的	1
					中性的	0
	中性转述动词	64	4.79	82.05	积极的	21
					消极的	28
					中性的	15
	合计	78	5.83	100		78

然后，我们统计中外语料库中引用信息的消息来源分布，结果见表10.7。

表10.7　中外语料库中引用信息的消息来源分布统计

语料库	转述动词类别	消息来源对山东的评价态度		消息来源分布
中方语料库	积极转述动词	积极	20	中方官员（7），非确切消息来源（4），国际机构（4），中方机构（3），中方科学家（1），中方先贤（1）
		消极	0	
		中性	1	中方科学家（1）
	消极转述动词	积极	0	
		消极	0	
		中性	0	

续表

语料库	转述动词类别	消息来源对山东的评价态度		消息来源分布
中方语料库	中性转述动词	积极	13	非确切消息来源（5），中方官员（2），中方机构（2），中方先贤（2），外方官员（1），中方科学家（1）
		消极	0	
		中性	4	非确切消息来源（2），中方机构（1），中方科学家（1）
外方语料库	积极转述动词	积极	11	外方机构（4），中方机构（3），中方官员（2），外方官员（2）
		消极	0	
		中性	2	国际机构（2）
	消极转述动词	积极	0	
		消极	1	中方机构（1）
		中性	0	
	中性转述动词	积极	21	外方官员（14），外方机构（4），中方官员（3）
		消极	28	中方机构（12），非确切消息来源（5），外方官员（5），国际机构（4），外方学者（2）
		中性	15	国际机构（6），中方机构（4），非确切消息来源（3），外方机构（1），外方官员（1）

根据表10.6对转述动词的统计，我们可以发现中外语料库在这一点的差异是非常明显的。首先，从使用总量上看，外方媒体比中方媒体使用了更多的转述动词，二者的使用频数分别为78次和38次，每千词的标准化频率分别为5.83和3.00，卡方检验显示二者之间存在显著差异（p=0.000<0.05）。这表明外方媒体更倾向于借用他人的声音表明自己的观点，语篇的互文性以及与外界的互动性更强。其次，从转述动词的使用类型上看，中方媒体使用最多的转述动词是积极转述动词，占其总比例的55.26%，其次是中性转述动词，占其总比例的44.74%，消极转述动词没有出现。最后，外方媒体使用最

多的是中性转述动词，占其总比例的 82.05%，积极转述动词使用不多，仅占其总比例的 16.67%，还有极少量的消极转述动词。这说明相比较于外方媒体，中方媒体构建了更加正面肯定的山东形象。随后，考察一下两语料库中各类转述动词与其消息来源评价态度的配对，我们可以看出中方媒体的积极转述动词和中性转述动词所匹配的积极态度共计 33 次，占其总数的 86.84%，其余的为中性态度，没有出现与消极态度匹配的情况；外方媒体的积极转述动词和中性转述动词所匹配的积极态度共计 32 次，占其总数的 41.02%，与中性态度匹配的为 17 次，占其总数的 21.79%，另有与消极态度匹配的共计 29 次，占其总数的 37.18%。这说明中方媒体所引用的消息几乎都是正面评价，意图似乎为与积极转述动词一道构建更加正面肯定的山东形象，而外方媒体所构建的山东形象更加多样化和复杂化，虽然积极的与中性的评价仍然是主流，但也不乏一定量的负面评价，这或许与中外文化传统有一定的关系。

根据表 10.7 对中外语料库中引用信息的消息来源分布统计，可以看出两者在引用源上的差异。首先，转述积极态度上都引用了谁？在中方共 33 次的积极态度来源中，引用中方自己来源即自我引用 19 次，占 57.57%，另有非确切消息来源 9 次，占 27.27%，来自外界的消息为 5 次，仅占 15.15%；在外方共计 32 次的积极态度来源中，引用中方仅 8 次，占 25%，引用外方 24 次，占 75%。这表明我们的自我积极形象构建尚未达到预期的效果，其对外传播效力尚有不足。其次，转述消极态度上都引用了谁？中方语料中没有出现对消极态度的转述；在外方语料库共计 29 次的消极态度转述中，来自中方的 13 次，占 44.83%，来自外方的 11 次，占 37.93%，另有非确切消息来源 5 次，占 17.24%。根据语料观察，这些消极态度主要出现在外媒有关山东的负面报道中，如环保问题等，这说明外方媒体在新闻报道中，特别是负面新闻报道中善用被报道者一方的负面话语构建其立场，以使其观点更具有可信性，其中不乏意识形态的原因。最后，转述中性态度上都引用了谁？在中方语料库共计 5 次的中性态度转述中，自我引用 3 次，非确切消息来源 2 次，没有来自外方的消息来源；在外方语料库共计17次的中性态度转述中，来自中方的仅4次，来自外方的10次，另有非确切消息来源3次。这仍然说明中方对外传播过程中对来自外界的消息不够重视，自我引用和不明来历的引用占绝大多数，外方的引用来源则视其转述目的来确定消息来源。

根据以上对语篇互文性的分析，我们可以对山东形象构建与其对外传播的效力进行评估。总体来看，中方媒体通过转述动词和消息转述来源构建了积极正面的山东形象，有利于促进外界对山东的了解，对于山东的社会发展是有促进作用的。但有几个方面的因素会影响其传播效力，包括语篇整体互文性不强、与外界的互动不够、转述动词使用过于单一、转述消息来源过于单一和不明确，都会使其对外传播的效力大打折扣。

第六节 小结

本章通过对网络媒体中有关 friendly Shandong 的话语进行分析，得出了中外媒体对山东区域形象构建之异同，并依次评估了我们对外传播话语的修辞效力并给出了可能促进提高的对策建议。研究发现，中外网络媒体所构建的山东形象总体上是积极的，但两者侧重点略有不同，中方重点以文化尤其是儒家文化为中心来构建山东的正面形象，外方所构建的山东形象更加多元化，涉及的面也更广一些，其中不乏负面消极形象。中方网络话语的对外传播效力总体来看有利于加强外界对山东的接受与认可，对树立山东的正面形象有积极的影响，但在传播内容比如话题的拓展与筛选和传播方式比如情态和互文的扩展及其有效使用上尚需作出进一步的努力，以提高效果，达到对外传播的目的。希望我们的研究能够为中国文化走向世界以及中国政府与民众更好地了解中国文化在外方社会体系中的接受度提供参考。

第五部分

二语写作修辞能力标准构建研究

第十一章　创新型外语人才写作修辞能力标准构建

第一节　引言

新时代外语人才培养重点在于创新能力这一目标。根据《国家中长期教育改革和发展规划纲要（2010—2020年）》（教育部，2010），高等教育需切实提高人才培养质量，应"着力培养信念执着、品德优良、知识丰富、本领过硬的高素质专门人才和拔尖创新人才"。因此，"如何培养创新人才已经成为我国高等教育发展以及人才培养模式改革的重点和难点"（马廷奇、张应强，2011：50）。同时，应运而生的《外国语言文学类教学质量国家标准》（以下简称《国标》）（教育部，2018a）也比以往的外语类纲领性文件给予创新精神、创新能力的培养更加突出的地位。对此，外语学界已基本达成了共识，认为"培养创新型外语人才是我国外语教育主动承接国家战略、服务经济社会发展的重要任务和光荣使命"（卢植，2018a：51）。近些年来，许多学者围绕创新型外语人才的内涵、培养模式、教学大纲、课程体系等进行了探索（陈新仁、许钧，2003；卢植，2018a，2018b，2018c；文秋芳，2002；郑艳，2006；庄智象等，2011，2012，2013），但相比较而言，关于创新型外语人才评价的标准研究仍较为缺乏。

创新型外语人才评价是一个庞杂的工程，有必要建立诸多方面相结合的多元评价体系。从根本上看，外语专业学生创新能力的实现是要落实在产出即说和写的能力上，亦即修辞能力上。以往已有少数研究（鞠玉梅，2008；鞠玉梅、彭芳，2014；李克、王湘云，2016）探讨过修辞能力而非仅仅语言能力的培养是创新人才锻造的重要途径，尤其是在当下的国际大背景下，作为"国家对外开放的'桥梁'和'纽带'"（吴岩，2019：3）的外语专业更应主动担负起联结中外、沟通世界的历史使命，而要完成这一使命，除了具备已经引发广泛讨论的能力之外，还非增强修辞能力不可。

鉴于此，本章着重探讨写作修辞能力的评价标准，以期为新时代创新型外语人才的多元评价体系建设提供参考。

第二节　何为创新型外语人才

高素质创新型人才培养是高等教育所有学科包括外语学科在内的终极培养目标，"创新已成为研讨我国外语改革与发展问题的中心主题"（卢植，2018c：4）。何为高素质创新型外语人才？众多学者都曾从不同的角度对其予以回答。文秋芳（2002：14）强调创新型外语人才除了应是合格的外语人才之外，还须具有创新素质，包括创新精神、创新能力和创新人格。陈新仁和许钧（2003：4）认为创新型外语人才兼有创新知识、创新能力、创新个性、创新品质四个方面的素质。张绍杰（2012：4）指出外语专业的高素质包括"广博融汇的语言、文学、文化知识，气质儒雅的跨文化交流潜质，宽阔视野的思辨能力等"。庄智象等（2013：45—46）认为创新型外语人才具有以下特征：良好的语言基本功，完整、合理的专业知识结构，创新思维能力和分析解决问题的能力，较强的跨文化沟通能力。卢植（2018b：38—39）认为创新型外语人才在具有扎实的外语语言基本功和完备的知识结构的基础上，还应具有卓越的创新能力、开阔的国际视野和出众的跨文化沟通能力。

由以上诸多观点可见，高素质创新型外语人才的核心内涵包括专业知识、创新潜质和创新能力三个方面。专业知识储备包含语言、文学、文化和跨文化交流知识；创新潜质指具有创新精神、创新个性和创新品质；创新能力包括思辨能力和研究能力。创新型外语人才首先属于外语专业人才，创新的前提和基础是具备扎实的外语语言基本技能、语言文学专业知识和突出的跨文化交际能力；创新型外语人才还须具有强烈的求知欲和善于求异的质疑精神以及创新所需的心理素质和意志品质；此外，更重要的是，创新型外语人才还应具备批判性思维能力、发现问题和解决问题的能力以及学术研究能力。其实，概括起来讲，创新型外语人才的要求目标是"培养外语专业'完整的人'，也就是将外语教育教学的重点从培养学生的语言基本素质转变为'以人为本'的全人教育"（卢植，2018a：52）。这也是《国标》所着力强调的一点，彭青龙在解读《国标》时认为，"除了语言运用能力之外，跨文化交际能力、思辨能力和创新能力是《英语类国标》的共同要求"（2016：113）。我们认为，写作特别是学术写作是体现以上创新型外语人才所具有的全部能力，尤其是思辨能力和创新能力的重要领域，贯穿于整个写作实践过程中的修辞能力就是一次全面检视学生的知识体系以及提出问题、分析问题与解决问题能力的过程。因此，对修辞能力的评估应像对修辞能力的培养一样给予重视。

第三节 修辞能力及其评估

修辞能力问题伴随着西方修辞学的诞生而产生，因此，它是一个古老的概念。仅就其字面意思来看，我们也能得出修辞能力即是运用修辞的能力这一结论。可以说在悠久的西方修辞研究历史中，不同时期的修辞研究与修辞教育都离不开对修辞能力的关注，其目的之一无非是提高人们的修辞能力，以为其个人社会公共生活和事业成功奠定重要的基础。主要区别在于提高何种修辞能力，而这取决于"修辞"这一概念在各个历史时期的不同定义。

以目前接受较为普遍的西方修辞研究历史叙事来看，古典修辞学时代修辞活动的主要特点是公众演讲，演讲的过程被看作一个由修辞发明、布局谋篇、文体、记忆与演说五个步骤组成的理性思辨过程，在这个过程中，演讲者调用逻辑、情感、修辞人格等修辞策略，目的是要实现劝说受众的修辞目标，演讲者的修辞能力就体现在每一个步骤以及每一个策略的使用中。中世纪、文艺复兴时期及至18—19世纪这一漫长时期的修辞学偏离了古典时期的公众演讲这一核心修辞实践活动，在不同的阶段分别聚焦多种不同类型更细致的修辞活动，比如宗教布道修辞、书信修辞、文学修辞、科学修辞等，试图在多种繁杂的领域中实施劝说和对受众施加影响，修辞能力的高下也是决定这些修辞活动是否成功的因素。20世纪以来的修辞学发展呈现更加多元化的态势，修辞的概念超出了语言的范畴，涵盖一切象征符号；修辞的目的超出了劝说的范畴，扩展至同一；修辞的研究视野超出了演讲、写作等传统修辞活动，而是将整个人际交往、宏观的话语都纳入了修辞研究的范围。可以说，当代的修辞研究认为修辞能力蕴含于整个人类活动中，它就是人在社会中生存的必备能力。

纵观西方修辞发展史，我们可以看出，虽然不同阶段的学者们并未对修辞能力进行明确的定义，但修辞能力一直伴随着各个阶段的修辞实践活动，修辞的成功与否取决于修辞能力的高低。共性的一点即是不同阶段的修辞能力都涉及修辞情境、修辞策略、修辞目的。我们可尝试将修辞能力定义为：在具体、复杂的社会、政治和文化语境中，能够独立思考，善于形成自己的观点，具有有效运用包括语言在内的所有象征手段和适切的修辞策略影响他人的思想、情感、态度和行为，致力于发挥话语的力量，对象征行为的参与者实施劝说并达成同一的能力。

实际上，修辞能力也就是高素质创新型外语人才的基础和核心能力，因为修辞能力从本质上讲属于一般话语交际能力，但它更突出以下特质。第一，有思想。具有批判性思维能力，具有求新和求异的探索精神，在一定的修辞语境中善于形成自己的独特观点，具备发现问题的敏锐眼光，并能够表达创新性观点。第二，有方法。具有策略思维、科学思维，善于运用恰当的方法解决问题，寻求解决问题之道，具备应对各种复杂修辞语境中复杂问题的能力。第三，有效果。勇于表达，善于论辩，能说会写，具有沟通能力，特别是跨文化自觉性，与多维受众修辞互动能力强，且意志坚定，坚韧不拔，具有达成目标所需的意志力，并能高效成功地实现修辞目的。这三点特别重要的特征正是创新型外语人才所必须具备的重要素质。实际上，语言能力+修辞能力的目标要求就是培养高素质有创新能力的外语人。

基于此，创新型外语人才修辞能力评估的标准制定宏观上应遵循全人教育的原则，着眼于"人"的全面发展，除了考查学生基本的外语技能和语言运用能力之外，还要凸显自我学习潜力和探索精神以及发现问题、解决问题所需要的思辨意识、创新思维和沟通能力。

《中国英语能力等级量表》（以下简称《量表》）（教育部，2018b）为创新型外语人才评估提供了可参照的框架，也可为对学生修辞能力的评价标准制定提供启示和基础。原因在于《量表》秉持"面向运用的原则"（刘建达，2019：8），它具有以下鲜明的特征：具有使用导向，其制定的目的就是为使用者提供参照，它多等级的英语能力描述"为我国英语教学、学习、测评提供参考框架"（刘建达、彭川，2017：2）；面向语言运用，它的"能做"描述突出语言运用能力，促进学习者思考能用英语做什么，即在特定的语境下如何调动各种策略实现不同的交际目的；注重自主学习，它提供的自我评价量表可帮助学习者了解自己应该参照的等级能力标准，并通过自我测评有针对性地制定学习目标和计划，培养自我监测能力；强调跨文化交际，它的语用能力总表测评语言使用者在理解和表达意图时能否充分考虑交际的社会文化语境和规约要求，强调跨文化沟通能力；突出批判性思维，它描述的语言交际活动涉及教育、生活、职场、学术等各个领域，在多个场景的语言使用，均要求语言使用者不仅要运用语言知识，还要调用世界知识，善用批判的眼光认识事物，对所使用的语言技能的描述均注重对语言使用者批判性思维能力和创新性思维能力的评价。《量表》的以上特征都与修辞能力诸维度高度契合，可为修辞能力的评价提供参照框架。

第四节　创新型外语人才写作修辞能力标准构建

修辞能力是通过具体的修辞活动来展现的。写和说作为语言产出的重要形式能够体现修辞能力，尤其是学术写作作为典型的写作活动之一，对于创新型英语人才而言，更能彰显写作者的思辨能力和创新能力。可以说，对学术英语写作修辞能力的检视是考察创新型人才培养成效的重要领域，因此，制定其评估标准十分必要。

学术英语写作是一种独特的体裁类型。Swales（1990：58）将体裁看作"一类交际事件的表现形式，参与其中的成员共享一系列交际目的，这些交际目的决定同一类型的体裁具有相似的结构、风格、内容、修辞模式，并与特定话语群体的价值观和期望相关"。邹绍艳和潘鸣威（2018：69）将《量表》中书面表达能力构念界定为："在特定环境中，为特定读者群，以达到书面交际为目标，调用组构、语用、文本类型等知识，并且运用写作策略进行意义生成、构建或整合的能力。"结合学术写作的特定体裁特点和《量表》的写作能力构念，我们可将学术语境下的英语写作修辞能力具体界定为：在学术语境中，独立思考，形成自己的观点，具有有效运用以语言为主的象征手段和适切的修辞策略以书面交际的形式传播学术思想并对学术话语共同体成员实施劝说以达成同一的能力。我们认为，对这一能力的评估可包括以下七个方面。

1. 体裁知识。写作表现的社会认知框架（Shaw & Weir, 2007; Weir, 2005）认为写作是发生在一定语境下的社会活动，写作者需考虑读者、话题、社会规约等语境因素，写作能力体现在写作者的认知能力与语境的交互作用中。Hyland（2005a）指出，写作是一种基于读者阅读预期的实践活动，这种对读者需求的预期来自读者阅读同一类型语篇的经历。因此，成功的学术写作需呈现作者的读者意识以及包括读者因素在内的语境意识，体现学术体裁的语言和修辞特点。

2. 修辞策略。根据 Aristotle（1991）古典修辞学的修辞劝说策略、20 世纪 Kenneth Burke（1969）的同一修辞学和 Stephen Toulmin（1958）的论辩修辞学，学术写作可用的修辞策略包括作者可信度、篇章逻辑性、作者与读者连接性、互动交际策略和论辩模式等。这些修辞策略在不同学术语境中，针对不同读者、受不同修辞目的驱动，通过不同的篇章架构、措辞风格、语气等体裁特点实施作用。

3. 过程策略。写作的过程一直备受写作实践研究者的关注。过程策略首先将写作过程视为一种复杂的认知与社会活动。对创新型外语人才培养而言，写作过程的策略调控至为关键，因为对学术写作过程的把控能够集中体现写作者的批判性思维和创新能力。古典修辞学的修辞实施过程所包含的修辞发明、布局谋篇、文体、记忆与演说五个步骤仍然适用于描述今天的学术写作过程。这五个步骤也就是过程策略所涵盖的选题、文献研读、调研、分析、构思布局、撰写初稿、修改润色、定稿、发表等写作各个环节的要领及采取的写作策略，涉及发现问题、分析判断、解决问题等多维能力。

4. 语言知识。写作者需掌握完成写作任务所需的语言资源，既包括语言的内在知识如语法知识、词汇知识、篇章知识，也包括语言的运用能力即语用知识，它们是文本构成的主要呈现因素，也有可能是影响英语写作水平的最重要的因素。语言知识通常通过具体的文本特征形式体现出来。

5. 学术话语共同体知识。学术英语写作不仅需要英语语言知识，而且需要英语学术文化知识。学术话语共同体所认可的价值观和期望规约驱动体裁知识层面的选择，并与修辞策略、过程策略、语言资源层面紧密相连。这一层面不仅包括文献综述、引述他人、列举他人研究成果等文本借用和互文知识（Hyland，2009），还包括一些交际策略和互动策略，比如作者如何与学术共同体成员进行互动以建立自身学术身份、不同文化与学科语境中作者如何进行立场表达以及如何与潜在读者展开互动等。

6. 学术规范知识。学术写作属于特定体裁的写作，有其自身的写作规范要求，包括引用、注释、文本结构、拼写、标点符号使用等格式规范，以及如何规避抄袭等。

7. 心理素质和身体素质。学术写作是一项颇为艰巨的工作，需要写作者具备良好的心理素质和身体素质。心理素质包括属动机情感的自我规划与管理、克服紧张、善于抗压、沉着冷静、排除干扰等素质，身体素质包括头脑反应敏捷、机体抵抗疲倦等能力。

需要指出的是，以上七个方面的修辞能力评估框架并不总是能截然分开，指标之间存在重叠之处。比如，体裁知识与学术话语共同体知识有交叉，修辞策略与语言知识也有重合之处等。写作修辞能力涉及众多变量，不同变量对学术写作修辞能力发展的影响还需进一步甄别和归类。

对以上七个方面的考察可以评估写作者的总体修辞能力，但修辞能力最终要落实到写作产品上，即完成的写作文本。因此，还需确定考察文本质量的维度，明晰质量标准。我们认为，可从以下八个方面评价写作文本，即清晰性、复杂性、逻辑性、得体性、深刻性、独创性、规范性、有效性。

1. 清晰性表现为有观点且观点表述清晰，能够让读者迅速抓住作者对某一问题的看法和观点，不拖泥带水，不隐晦含糊。如果文本缺乏清晰性，必然会导致文章论点模糊不清。清晰性贯穿于写作从策划到完成的整个过程，体现于写作者修辞能力的各个方面。

2. 复杂性表现为对问题的讨论详尽周密，提供充分相关的论据，能够有效支撑观点，不简单粗暴得出结论。如果文本缺乏复杂性，必然会导致文章的思想性和说服力不足。复杂性是学术写作的重要特点之一，尤其表现在关于体裁知识和学术话语共同体知识两方面的修辞能力中。

3. 逻辑性表现为文本结构安排符合逻辑要求，内容安排具有相关性和连贯性，论证合乎逻辑、条理清晰。文本的逻辑性实际上体现了思维的逻辑性，只有思维具有逻辑性，才能保证论述的连贯性。逻辑性是学术写作的基本要求，贯穿于写作者修辞能力的诸方面。

4. 得体性表现为根据交际目的和对象，选择恰当语体。文本符合学术共同体的价值观和期望，包括内容、结构、措辞、规范等合乎预期期待。得体性是文体适切与否的重要衡量标准，也是判断写作者是否具备某一领域写作修辞能力的重要标准，主要表现于体裁知识、修辞策略、语言知识等修辞能力中。

5. 深刻性表现为认识到问题的复杂性，对问题的分析深入，论述充分，内容有深度，不流于表面化。文本的深刻性体现的是思想的深刻性，只有思想具有深刻性，才能保证观点论证和内容的深刻。深刻性是学术写作的重要特征，尤其体现于驾驭过程策略的修辞能力中。

6. 独创性表现为选题、观点或方法等不同于前人研究，有鲜明的创新性。独创性是学术写作最显著的特征，创新是学术写作的灵魂，尤其体现于过程策略能力中的修辞发明阶段，它决定了作者是否具有独创性。

7. 规范性表现为符合学术写作的规范要求，既包括大的结构框架安排，也包括细节如句式、词语、标点符号、注释格式、语言特征等符合规范要求。学术写作既需有独创性，也应有规范性，主要体现于体裁知识、语言知识、学术规范知识等修辞能力中。

8. 有效性表现为写作产品收到了好的效果，比如与潜在的读者达成了同一，被学界认可，或者获得正式发表机会，产生了较大的学术影响等。修辞能力的高低不同影响修辞写作产品的有效性与传播，效果一直是修辞的突出追求，它是修辞能力多个维度共同作用的结果。

同样需要指出的是，以上八个方面的评价标准也并非是截然分开的，它们之间存在不同程度的重合之处，是密切联系的，如复杂性与深刻性、清晰性与逻辑性等互为交叉依存的关系。同时，它们与前述的修辞能力也并非一对一的简单对应关系，而是多重复杂呼应。

基于上述原则，我们初步构建了学术写作修辞能力的评估标准框架，如表 11.1 所示。

表 11.1　　　　学术写作修辞能力评估标准框架

目标	写作修辞能力描述	• 能在不同的学术语境中，独立思考，形成自己的观点 • 能充分分析观点，提供事实、数据支撑 • 能有效运用语言手段和适切的修辞策略 • 能与学术话语共同体有效沟通，实施劝说并达成同一
能力组构	体裁知识	• 能根据不同学术体裁要求，有效构建适用于不同目的、主题、读者类型的文本
	修辞策略	• 能针对不同主题、读者、修辞目的，有效使用适切的修辞策略
	过程策略	• 能自我监控写作过程，合理分阶段实施发现问题、分析问题、解决问题的策略
	语言知识	• 能使用恰当的词汇语法和成熟的句式，合理组织篇章信息，表达清晰
	学术话语共同体知识	• 能根据学术话语共同体规则与惯例，得体行文 • 能与学术话语共同体进行有效的互动，构建自我学术身份，融入共同体，有效实现沟通目的
	学术规范知识	• 能根据学术体裁要求，规范写作 • 能有效规避抄袭
	心理素质和身体素质	• 能自我调适心理状态，坚定执着 • 能保持头脑敏锐，克服疲倦
评价标准	清晰性	• 能清晰表达与论述观点
	复杂性	• 能充分论证观点，进行详尽周密的讨论
	逻辑性	• 能合乎逻辑地论证，条理清晰，层次分明，表达连贯
	得体性	• 能根据交际目的和对象，选择恰当语体，符合预期期待
	深刻性	• 能深入分析问题，思想有深度
	独创性	• 能在发现问题、分析问题、解决问题等方面有创新
	规范性	• 能遵循学术语体规范要求，行文严谨
	有效性	• 能有效传播学术思想，形成影响，达成劝说与同一

第五节　小结

自《量表》问世以来，外语学界已在不断探索它在多种语言能力测评中的应用，但对于修辞能力的评价仍未投入足够的关注。本章探讨了基于《量表》的新时代创新型外语人才写作修辞能力测评的目的和意义，并以学术写作修辞能力测评为例，从体裁知识、修辞策略、过程策略、语言知识、学术话语共同体知识、学术规范知识以及心理素质和身体素质七个方面论述了写作修辞能力标准制定的组构，并由此提出了写作产品即写作文本所应具有的清晰性、复杂性、逻辑性、得体性、深刻性、独创性、规范性、有效性八个方面的评价标准。

新时代创新型外语人才写作修辞能力评估标准重视写作过程中体裁、修辞、语言、写作者个体与群体之间的交互关系，旨在提高外语人才的修辞能力。只有把修辞能力发展明确地纳入教学目标，并且将修辞能力标准衡量和评价融入测评体系中，才能确保其通过教学得以实现。笔者认为，在中国与世界关系进入新时代的今天，培养学生的修辞能力符合国家长期发展的战略目标的要求。因此，有必要在外语教育中不仅重视提高学生的外语能力，更要注重强化学生的修辞能力，从而适应新时代中国同世界各国交流互鉴以及积极参与全球治理体系改革建设的国际化发展需求。

结　　语

本研究从跨文化修辞学的理论视野出发，将写作视为一种社会文化行为，研究二语写作与多层面的社会文化之间的密切关联性，发现潜藏于写作背后的社会文化和政治因素，试图对二语写作进行较为全面和系统的研究。我们通过研究跨文化修辞学的理论发展历程与研究趋势、二语写作文本、影响二语写作的社会文化因素、二语写作构建国家形象的潜势、二语写作修辞能力构成与评价标准等问题，探索了多元背景下二语写作的特点、规律及应用，得出了以下研究结论。

第一，跨文化修辞学是一个具有强烈跨学科指向的研究领域。跨文化修辞学的发展经历了三个阶段，即 Kaplan 模式、Connor 模式和近期多元发展模式。这一发展模式的典型特征表现为越来越吸纳多学科理论资源，不断拓宽研究视野，应用领域也日趋广泛，已超越了传统的简单二分模式和单纯的语言分析框架，发展成为一个视域宽广的跨学科研究领域。这对于二语写作研究大有裨益，可从理论与实践两方面丰富二语写作研究的维度。

第二，二语写作产出文本具有其独有的特征。虽然与母语写作产出文本有相同之处，但更多情况下存在明显差异。差异表现在多个方面，包括词汇、句型、语篇等多个层面，比如情态词、词块、引述句、元话语、谋篇布局、叙事声音等。差异也表现在多种体裁的二语写作文本中，既包括传统媒介的写作文本比如学术论文摘要、学术论文、学术书评、报纸专栏评论、评论特稿、社论、新闻报道等，也包括线上网络媒体二语写作文本等。差异表现还呈现出复杂性特征，比如同一母语社区内不同二语写作阶段、不同二语写作熟练程度、不同的写作动机、不同的写作体裁、不同的写作发表去向等都会表现出不同的特征。差异表现同时还具有动态性特征，比如以往所具有的差异在新的社会语境下会发生变化等。

第三，二语写作行为受多种因素的影响，社会文化语境制约二语写作者的修辞习惯和偏好。二语写作过程并非仅仅是一个语言组织问题，也并非完全是一个思想表达问题，写作者所处的文化模式和社会语境都可参与到写作实践中，反映到写作文本中。社会文化因素使二语写作文本形成其独有的特征，比如论辩模式、劝说机制、立场表达、身份构建、互动方式、叙事模式等。同时，反过来二语写作文本也对写作者产生作用，比如构建学术身份等。本研究再一次印证了早在 Kaplan 时代的对比修辞学就已经提出的"写作是一种深嵌于文化的行为"这一论题，也证明了 Connor 时代以来一直延续至今的多元复杂文化理念，即文化包含多个不同层面和不同维度的文化，写作作为一种社会实践活动，既构成文化圈又受其制约。

第四，二语写作具有构建国家形象的潜力。拓展二语写作研究的视野，可加强二语写作研究的应用性，表现在拓宽研究的应用领域和提升研究的应用层次。本研究将二语写作与国家对外传播联系起来，探索了如何通过二语写作提升中国国际形象，包括国家形象和区域形象等。研究发现对外传播媒体的传播文本具有鲜明的中国特色，在塑造中国形象方面起到了重要的作用，也取得了一定的传播效果。研究还发现不断探索如何应对国际话语环境的修辞策略十分必要，唯有在充分了解国际话语模式的基础上，打造具有中国特色的话语体系，才能做好对外传播，助力更好地"走出去"。因此，二语写作研究需突破窠臼，走向社会，参与政治，从而有更大的作为。

第五，对二语写作的评价可从修辞能力评价方面着手。本研究提出了"二语写作修辞能力"概念，并基于《中国英语能力等级量表》制定了二语写作修辞能力的组构框架和评价标准。评估重视写作过程中体裁、修辞、语言、写作者个体与群体之间的交互关系，旨在提高外语人才的修辞能力。在中国与世界关系进入新时代的今天，培养学生的修辞能力比较符合国家长期发展战略目标的要求。在外语教育中不仅要重视提高学生的外语能力，更要注重强化学生的修辞能力，以适应新时代中国同世界各国文明交流互鉴以及积极参与全球治理体系改革建设的国际化发展需求。

本研究从一个不同的角度对二语写作展开研究，为二语写作研究建立了新的分析视角，突破了单一的语言学分析框架，提供了多维度的分析模式，有利于丰富二语写作研究的学术资源。

本研究突破了二语写作研究的疆域，不仅分析二语写作的文本，探索影响二语写作过程的社会、文化因素，而且研究二语写作在国家对外传播尤其是国家形象构建过程中的特点和作用，并且从二语写作修辞能力及其能力组构和标准制定方面探讨二语写作，加强了二语写作研究的实践意义。

本研究具有一定的学术意义和应用价值。第一，从跨文化修辞学的视域研究二语写作，丰富了二语写作的研究视角，突破了传统研究对象的疆域，使其研究边界得以延伸，拓展了学术视野，促进了二语写作以及跨文化修辞学的理论发展。第二，多维度比较分析了二语写作文本从语言表层差异到隐藏在语言背后的深层社会文化观念的差异，发现了不同文化圈写作的修辞偏好，有助于提高中国作者的二语写作水平，并为我国的二语写作教学实践提供新的教学理念和方法。第三，通过对比分析，逐渐与国际写作研究与修辞实践话语接轨，增强二语写作适应国际话语模式的能力，将二语写作研究与对外传播研究相结合，发现二语写作的国家形象构建潜势，探索二语写作如何在新的时代背景下提升输出与传播国家形象的效果，提高对外传播的实效，具有较为重要的策略意义，助力于国家"走出去"战略的实施。第四，提出"二语写作修辞能力"新概念，对二语写作修辞能力的组构及其评价标准进行研究，从一个新的视角提高我们对二语写作产出的评价，促进我国外语能力测评标准的多维度制定，对于二语写作教学与评估有一定的推动作用。第五，本研究以跨文化修辞学为方法论基础，借助语料库话语分析的方法把定性研究和定量研究结合起来，从语料选取到分析视角和方法的甄选颇有新意，有助于促进跨学科多维度的综合研究。

二语写作与跨文化修辞学均为庞大且复杂的研究领域，从跨文化修辞学的视角展开二语写作的研究远非一项研究就能完成。研究的局限性不可避免，主要有以下三点：第一，由于视域和能力所限，研究者对浩如烟海的文献和博大精深的诸多理论体系的综述、阐释和应用未必恰当，难免受到自己"辞屏"的限制，以致管中窥豹，抑或难免主观。第二，研究方法还不完善，语料库建设和应用尚有很大的提高空间。第三，值得深入研究的问题还有很多，同时研究的系统性还远远不够。

未来研究需在研究的全面性、系统性和方法的规范性方面做出更多的努力。从跨文化修辞学视角展开的二语写作研究可延伸到更多的体裁和亚体裁文本中，也可从多个维度和方面进行文本对比分析。在全面性研究的基础上，应加强其自身的内在系统性建设，形成自成一体的理论逻辑体系。在方法的规范性方面，亟须建立系统大型的语料库，运用大数据的挖掘手段，并进一步完善统计和分析的规范性，使研究的"客观性"尽力得到保障。此外，对于种种写作文本的话语修辞分析，如何做到深察其道、分析到位，尚需更高的理论造诣和方法智慧才能为之。这些都是我们未来进一步努力的方向。

参考文献

一 中文著作

邓志勇：《当代美国修辞批评的理论与范式研究》，中国社会科学出版社 2015 年版。

方克立：《现代新儒学与中国现代化》，天津人民出版社 1997 年版。

管文虎主编：《国家形象论》，电子科技大学出版社 1999 年版。

鞠玉梅：《社会认知修辞学：理论与实践》，外语教学与研究出版社 2011 年版。

鞠玉梅：《肯尼斯·伯克修辞学思想研究》，中国社会科学出版社 2017 年版。

李良荣等：《当代西方新闻媒体》，复旦大学出版社 2010 年版。

刘亚猛：《追求象征的力量：关于西方修辞思想的思考》，生活·读书·新知三联书店 2004 年版。

辛斌：《语篇互文性的批评性分析》，苏州大学出版社 2000 年版。

辛斌：《批评语言学：理论与应用》，上海外语教育出版社 2005 年版。

徐宏亮：《学术语篇中的作者立场标记语研究》，合肥工业大学出版社 2007 年版。

颜炳罡：《当代新儒学引论》，北京图书馆出版社 1998 年版。

张涛：《孔子在美国：1849 年以来孔子在美国报纸上的形象变迁》，北京大学出版社 2011 年版。

赵毅衡：《当说者被说的时候：比较叙述学导论》，中国人民大学出版社 1998 年版。

二 中文论文

白丽娜、周萍：《中国省区形象在西方网络世界的传播——以内蒙古为样本的多个语种的媒介调查》，《当代修辞学》2013年第4期。

蔡金亭：《在二语产出中判断母语迁移的比较——归纳方法框架》，《解放军外国语学院学报》2015年第5期。

陈令君：《语篇评价的语用纬度阐释——兼论英语学术书评中的评价策略》，《当代外语研究》2010年第3期。

陈小慰、汪玲玲：《基于语料的汉英科技论文摘要修辞对比与翻译》，《中国科技翻译》2017年第1期。

陈晓燕：《英汉社论语篇态度资源对比分析》，《外国语》（上海外国语大学学报）2007年第3期。

陈新仁：《语用身份：动态选择与话语构建》，《外语研究》2013年第4期。

陈新仁：《语用学视角下的身份研究——关键问题与主要路径》，《现代外语》2014年第5期。

陈新仁、许钧：《创新型外语人才的理念与内涵——调查与分析》，《外语界》2003年第4期。

陈征：《基于语篇言据性的学术期刊综述类论文研究》，《科技与出版》2015年第12期。

陈征、俞东明：《基于信度分析的英语论辩语篇言据性对比研究》，《现代外语》2017年第6期。

程晓堂、裘晶：《中国学生英语作文中情态动词的使用情况——一项基于语料库的研究》，《外语电化教学》2007年第6期。

曹雁、肖中华：《中外作者科技论文英文摘要多维度分析模型》，《外语教学》2015年第6期。

邓志勇：《叙事修辞批评：理论、哲学假定和方法》，《当代修辞学》2012年第3期。

邓志勇：《叙事、叙事范式与叙事理性——关于叙事的修辞学研究》，《外语教学》2012年第4期。

丁言仁、胡瑞云：《谈对比修辞理论对英语写作的作用》，《山东外语教学》1997 年第 2 期。

董希骁:《罗马尼亚总统联大演讲与国家形象构建》,《中国外语》2016 年第 6 期。

房红梅:《言据性研究述评》,《现代外语》2006 年第 2 期。

房红梅、马玉蕾:《言据性·主观性·主观化》,《外语学刊》2008 年第 4 期。

方丽青:《ESL 作文中的修辞模式表现类型研究》,《外国语》(上海外国语大学学报)2005 年第 1 期。

冯恩玉、吴蕾:《国内外光学类科技期刊论文英文摘要体裁对比分析》,《中国科技期刊研究》2016 年第 2 期。

高霞:《基于中外科学家可比语料库的第一人称代词研究》,《外语教学》2015 年第 2 期。

高霞:《基于中外学者学术论文可比语料库的词块使用研究》,《外语与外语教学》2017 年第 3 期。

高小丽:《汉英报纸新闻语篇中转述方式的体裁差异——新闻话语研究系列之二》,《外语学刊》2016 年第 6 期。

葛冬梅、杨瑞英:《学术论文摘要的体裁分析》,《现代外语》2005 年第 2 期。

管博、郑树棠:《中国大学生英文写作中的复现组合》,《现代外语》2005 年第 3 期。

韩青玉:《中美社论态度意义对比及其语境阐释——以〈中国日报〉和〈纽约时报〉为例》,《青海师范大学学报》(哲学社会科学版)2011 年第 4 期。

韩晓蕙:《词块加工影响高校学生英语习得的研究》,《外语学刊》2011 年第 3 期。

郝翠屏:《〈庄子·内篇〉中修辞问句的元话语特征及功能》,《修辞学习》2009 年第 1 期。

贺灿文、周江林:《英语科研论文中综述性动词的语料库研究》,《外语学刊》2001 年第 4 期。

何少娴、尤泽顺:《"海丝"话语中的福建区域形象:修辞构建与效果评估》,《福建农林大学学报》(哲学社会科学版) 2016 年第 4 期。

胡美馨、黄银菊:《〈中国日报〉和〈纽约时报〉态度资源运用对比研究——以美军在利比亚军事行动报道为例》,《外语研究》 2014 年第 4 期。

胡新:《中外科技论文英文摘要的语步词块特征对比研究》,《现代外语》 2015 年第 6 期。

胡壮麟:《语言的可证性》,《外语教学与研究》 1994 年第 1 期。

胡壮麟:《汉语的可证性和语篇分析》,《湖北大学学报》(哲学社会科学版) 1995 年第 2 期。

黄大网、钟圆成、张月红:《第一人称代词的话语功能:基于中外科学家材料科学论文引言的对比研究》,《中国科技期刊研究》 2008 年第 5 期。

黄勤、熊瑶:《英汉新闻评论中的元话语使用对比分析》,《外语学刊》 2012 年第 1 期。

霍松林、霍建波:《论〈孟子〉、〈庄子〉中的孔子形象》,《兰州大学学报》(社会科学版) 2004 年第 4 期。

纪卫宁、辛斌:《费尔克劳夫的批评话语分析思想论略》,《外国语文》 2009 年第 6 期。

姜峰:《外壳名词的立场建构与人际功能》,《现代外语》 2016 年第 4 期。

蒋文干:《英汉翻译类学术书评语篇中的负向评价研究》,《长春理工大学学报》(社会科学版) 2015 年第 12 期。

江潇潇:《语言三大元功能与国家形象构建——以斯里兰卡总统第 70 届联大演讲为例》,《外语研究》 2017 年第 1 期。

鞠玉梅:《体裁分析与英汉学术论文摘要语篇》,《外语教学》 2004 年第 2 期。

鞠玉梅:《修辞能力与外语专业创新人才培养》,《外语界》 2008 年第 6 期。

鞠玉梅:《英汉学术论文语篇中的元话语研究——从亚里士多德

修辞学的角度》,《外语研究》2013 年第 3 期。

鞠玉梅:《跨文化修辞学视阈下的二语写作研究:理论模式与研究路径》,《外语界》2016 年第 5 期。

鞠玉梅:《学术写作中引述句的主语特征与身份构建研究》,《外语教学与研究》2016 年第 6 期。

鞠玉梅:《二语报纸专栏评论写作互动元话语使用考察》,《外语研究》2018 年第 4 期。

鞠玉梅:《跨文化修辞学视阈下中国英语学习者二语学术论文写作立场表达研究》,《天津外国语大学学报》2018 年第 5 期。

鞠玉梅:《区域形象的话语修辞建构与对外传播——以"好客山东"形象为例》,《新媒体与社会》2020 年第 25 期。

鞠玉梅:《中外学者英语学术论文摘要修辞劝说机制比较研究》,《解放军外国语学院学报》2020 年第 1 期。

鞠玉梅:《新闻评论特稿修辞叙事声音比较研究》,《天津外国语大学学报》2022 年第 5 期。

鞠玉梅:《中外英语学术书评语篇言据性与身份构建对比研究——基于语言学与应用语言学领域书评的个案研究》,《山东外语教学》2023 年第 2 期。

鞠玉梅、彭芳:《伯克的教育哲学观与外语专业学生修辞能力的培养》,《外语界》2014 年第 2 期。

赖良涛:《从言据性看民事判决书的事理性》,《语言学研究》2018 年第 2 期。

蓝小燕:《英语学术书评的评价策略分析——评价理论之态度视角》,《山东外语教学》2011 年第 2 期。

李秉日、宋永桂:《略述"能"字反问句的修辞功能》,《修辞学习》2003 年第 5 期。

李健雪:《论实据性策略对英语学术书评动态建构的制约作用》,《山东外语教学》2007 年第 5 期。

李经伟:《英汉书评中的礼貌策略比较》,《解放军外语学院学报》1996 年第 3 期。

李克、王湘云：《国外教学环境下中国留美大学生修辞能力发展状况探究》，《中国外语》2016 年第 4 期。

李梦骁、刘永兵：《基于语料库的中外学者学术语篇词块使用对比研究》，《现代外语》2016 年第 4 期。

李伟：《一种基于评价理论和话语历史分析融合的文本解读方法研究——以内贾德联大演讲为例》，《外国语文》2016 年第 6 期。

梁茂成：《中国大学生英语笔语中的情态序列研究》，《外语教学与研究》2008 年第 1 期。

林升栋、刘琦婧、赵广平等：《貌合神离：中英文同款广告的符号和眼动分析》，《新闻与传播研究》2017 年第 11 期。

刘海萍、徐玉臣：《人文社科类论文英文摘要文体特征分析——以 SSCI 及 A&HCI 检索学术论文摘要为例》，《西安外国语大学学报》2015 年第 4 期。

刘欢：《大一新生词块意识及其对语言输出能力的影响之探究——基于语料库短语理念视角》，《高教探索》2015 年第 7 期。

刘建达：《中国英语能力等级量表与英语教学》，《外语界》2019 年第 3 期。

刘建达、彭川：《构建科学的中国英语能力等级量表》，《外语界》2017 年第 2 期。

刘盛华、徐锦芬：《基于语料库的我国学者多学科学术论文言据性研究》，《外语与外语教学》2017 年第 6 期。

柳淑芬：《对比修辞：英汉书评比较》，《广东教育学院学报》2005 年第 1 期。

柳淑芬：《中英文论文摘要中作者的自称语与身份构建》，《当代修辞学》2011 年第 4 期。

柳淑芬：《英语学术书评评价策略的性别语用比较》，《重庆文理学院学报》（社会科学版）2012 年第 1 期。

柳淑芬：《中美新闻评论语篇中的元话语比较研究》，《当代修辞学》2013 年第 2 期。

刘晓晓：《南海仲裁案新闻发布会的叙事修辞研究》，《阜阳师范学院学报》（社会科学版）2017 年第 3 期。

刘永厚、张颖：《中外学者国际期刊英语学术论文摘要写作的对比研究》，《外语界》2016 年第 5 期。

刘智俊：《日语疫情话语的言据性研究》，《渭南师范学院学报》2021 年第 11 期。

龙满英、许家金：《大学生英汉同题议论文中立场标记的对比研究》，《外语与外语教学》2010 年第 3 期。

娄宝翠：《学习者英语硕士论文中的转述动词》，《解放军外国语学院学报》2011 年第 5 期。

娄宝翠：《基于语料库的研究生学术英语语篇中外壳名词使用分析》，《外语教学》2013 年第 3 期。

陆元雯：《基于语料库的科技论文英文摘要的人称代词与语态研究》，《中国科技期刊研究》2009 年第 6 期。

卢植：《创新型外语人才培养的理念与实践》，《外语教学》2018 年第 1 期。

卢植：《论创新型外语人才培养模式建构》，《外语界》2018 年第 1 期。

卢植：《我国发展模式重构与培养创新型外语人才的制度建设》，《北京第二外国语学院学报》2018 年第 6 期。

罗桂花、廖美珍：《法庭话语中的言据性》，《语言研究》2013 年第 4 期。

吕颖：《语料库驱动的中外医学论文摘要程式语对比研究》，《外语电化教学》2017 年第 1 期。

马广惠：《中美大学生英语作文语言特征的对比分析》，《外语教学与研究》2002 年第 5 期。

马广惠：《英语专业学生二语限时写作中的词块研究》，《外语教学与研究》2009 年第 1 期。

马广惠：《词块的界定、分类与识别》，《解放军外国语学院学报》2011 年第 1 期。

马廷奇、张应强：《学习自由的实现及其制度建构——兼论创新人才的培养》,《教育研究》2011 年第 8 期。

孟炳君:《"站位三角"理论视角下埃及国家形象构建的话语策略研究——以埃及总统第 70 届联大演讲为例》,《外语研究》2017 年第 1 期。

穆从军:《中英文报纸社论之元话语标记对比分析》,《外语教学理论与实践》2010 年第 4 期。

潘璠:《语用视角下的中外学术论文立场副词对比研究》,《解放军外国语学院学报》2012 年第 5 期。

彭青龙:《论〈英语类专业本科教学质量国家标准〉的特点及其与学校标准的关系》,《外语教学与研究》2016 年第 1 期。

濮建忠:《英语词汇教学中的类联接、搭配及词块》,《外语教学与研究》2003 年第 6 期。

戚焱、蒋玉梅、朱雪媛:《大学英语口语教学中词块教学法的有效性研究》,《现代外语》2015 年第 6 期。

戚焱、徐翠芹:《词块教学对大学生二语口语流利性的影响》,《外语界》2015 年第 6 期。

齐振海、晋小涵:《言据性的语言与认知表征》,《中国外语》2015 年第 2 期。

钱毓芳:《语料库与批评话语分析》,《外语教学与研究》2010 年第 3 期。

秦永丽:《科技论文英文摘要中的模糊限制语——中美作者使用情况的对比分析》,《江苏科技大学学报》(社会科学版)2010 年第 2 期。

R. M. Coe、胡曙中:《英汉对比修辞研究初探》,《外国语》(上海外国语学院学报)1989 年第 2 期。

冉永平、杨娜:《危机语境下媒体信息的言据性及其语用分析》,《外语与外语教学》2016 年第 6 期。

邵斌、回志明:《西方媒体视野里的"中国梦"——一项基于语料库的批评话语分析》,《外语研究》2014 年第 6 期。

邵颖:《互文性与国家形象构建——以马来西亚总统 70 届联大演

讲为例》,《外语学刊》2017 年第 3 期。

沈继荣:《事件消息中的言语转述:客观与主观》,《当代修辞学》2012 年第 3 期。

沈家煊:《语言的"主观性"和"主观化"》,《外语教学与研究》2001 年第 4 期。

史文霞、王振华、杨瑞英:《介入视域中的中国博士生科技论文引言中转述的评价研究》,《西安电子科技大学学报》(社会科学版)2012 年第 6 期。

施旭:《从话语研究的视角看城市发展》,《文化艺术研究》2008 年第 3 期。

孙有中:《国家形象的内涵及其功能》,《国际论坛》2002 年第 3 期。

汤斌:《英语疫情新闻中言据性的语篇特征的系统功能研究》,博士学位论文,复旦大学,2007 年。

唐丽萍:《学术书评语类结构的评价分析》,《外国语》(上海外国语大学学报)2004 年第 3 期。

唐丽萍:《英语学术书评的评价策略——从对话视角的介入分析》,《外语学刊》2005 年第 4 期。

唐丽萍:《对英语学习者文化霸权话语解读的批评话语分析》,《解放军外国语学院学报》2009 年第 4 期。

唐丽萍:《英语学习者阅读立场之批评话语分析及其启示》,《外国语》2010 年第 3 期。

唐丽萍:《语料库语言学在批评话语分析中的作为空间》,《外国语》(上海外国语大学学报)2011 年第 4 期。

唐青叶:《书评的语类结构及其情态的力量动态阐释》,《外语学刊》2004 年第 1 期。

唐青叶:《学术语篇中的转述现象》,《外语与外语教学》2004 年第 2 期。

滕延江:《英汉学术论文摘要中限定修饰语使用分布的对比分析》,《外语与外语教学》2008 年第 11 期。

滕真如、谭万成：《英文摘要的时态、语态问题》，《中国科技翻译》2004年第1期。

王芙蓉、王宏俐：《基于语料库的语言学和工科学术英语词块比较研究》，《外语界》2015年第2期。

王国凤、喻旭燕：《汉英新闻语篇言据性类型学研究》，《西安外国语大学学报》2011年第2期。

王红阳、程春松：《英汉语言学学术书评的态度意义对比研究》，《西安外国语大学学报》2008年第2期。

王晶晶、吕中舌：《中国理工科博士生学术英语写作模糊限制语研究》，《外语教学》2016年第5期。

王丽：《二语学习者学位论文引言中非毗邻式词块的使用特征》，《外语与外语教学》2014年第5期。

王立非、陈功：《第二语言学习策略的认知模式的构建与解读》，《外语与外语教学》2009年第6期。

王立非、马会军：《基于语料库的中国学生英语演讲话语立场构块研究》，《外语教学与研究》2009年第5期。

王丽雅：《中国文化符号在海外传播现状初探》，《国际新闻界》2013年第5期。

王敏、刘丁：《中国学习者英语学术论文手稿中立场标记词块使用研究》，《现代外语》2013年第5期。

王琰：《国内外〈论语〉英译研究比较》，《外语研究》2010年第2期。

卫乃兴：《共选理论与语料库驱动的短语单位研究》，《解放军外国语学院学报》2012年第1期。

文秋芳：《英语专业创新人才培养体系的研究与实践》，《国外外语教学》2002年第4期。

文秋芳：《国家话语研究——服务国家战略的新领域》，《中国外语》2016年第6期。

文秋芳：《拟人隐喻"人类命运共同体"的概念、人际和语篇功能——评析习近平第70届联合国大会一般性辩论中的演讲》，《外语学刊》2017 年第 3 期。

文秋芳、丁言仁、王文宇：《中国大学生英语书面语中的口语化倾向——高水平英语学习者语料对比分析》，《外语教学与研究》2003 年第 4 期。

吴春晓：《学术语篇中的作者身份构建》，《牡丹江大学学报》2015 年第 4 期。

吴格奇：《英汉研究论文结论部分作者立场标记语对比研究》，《西安外国语大学学报》2010 年第 4 期。

吴格奇：《学术论文中作者自称与身份构建——一项基于语料库的英汉对比研究》，《解放军外国语学院学报》2013 年第 3 期。

武姜生：《大学生英语学术写作中引述句的主语特征》，《中国外语》2010 年第 2 期。

吴宪忠、朱峰颖：《情报类学术论文英文摘要的时态特征》，《情报科学》2012 年第 12 期。

吴岩：《新使命　大格局　新文科　大外语》，《外语教育研究前沿》2019 年第 2 期。

肖忠华、曹雁：《中外作者科技论文英文摘要多维度语步对比研究》，《外语教学与研究》2014 年第 2 期。

辛斌：《〈中国日报〉和〈纽约时报〉中转述方式和消息来源的比较分析》，《外语与外语教学》2006 年第 3 期。

辛斌：《转述言语与新闻语篇的对话性》，《外国语》（上海外国语大学学报）2007 年第 4 期。

辛斌：《汉英新闻语篇中转述动词的比较分析——以〈中国日报〉和〈纽约时报〉为例》，《四川外语学院学报》2008 年第 5 期。

辛斌、李悦：《中美领导人互访演讲中具体互文性的语用分析》，《山东外语教学》2016 年第 1 期。

辛红娟、张越、陆宣鸣：《从葛浩文英译看中国文化的海外传播——以莫言〈师傅越来越幽默〉为蓝本》，《当代外语研究》2014 年第 2 期。

辛志英、黄国文：《元话语的评价赋值功能》，《外语教学》2010

年第 6 期。

邢毅：《报纸新闻报道的叙事修辞批评方法探究——以台湾 2013 年食品安全问题报道为例》，硕士学位论文，重庆大学，2015 年。

徐昉：《中国学生英语学术写作中身份语块的语料库研究》，《外语研究》2011 年第 3 期。

徐昉：《中国学习者英语学术词块的使用及发展特征研究》，《中国外语》2012 年第 4 期。

徐昉：《二语学术写作介入标记语的使用与发展特征：语料库视角》，《外语与外语教学》2013 年第 2 期。

徐昉、龚晶：《二语学术写作言据性资源使用的实证研究》，《解放军外国语学院学报》2014 年第 4 期。

徐宏亮：《中国高级英语学习者学术语篇中的作者立场标记语的使用特点——一项基于语料库的对比研究》，《外语教学》2011 年第 6 期。

许家金：《中国学习者英语口头叙事中的话语评价研究》，《外语教学与研究》2013 年第 1 期。

许家金、许宗瑞：《中国大学生英语口语中的互动话语词块研究》，《外语教学与研究》2007 年第 6 期。

徐江、郑莉、张海明：《基于语料库的中国大陆与本族语学者英语科技论文模糊限制语比较研究——以国际期刊〈纳米技术〉论文为例》，《外语教学理论与实践》2014 年第 2 期。

徐赳赳：《关于元话语的范围和分类》，《当代语言学》2006 年第 4 期。

许有平、张杨、李伟彬：《评价理论视野下的中美报刊立场浅析》，《外国语文》2011 年第 S1 期。

杨家勤、毛浩然、徐赳赳：《演讲叙事语篇的修辞功能与结构模式研究》，《中国外语》2013 年第 6 期。

杨洁、邓志勇：《叙事的修辞——Arnesen 在海湾紧急峰会上演讲的叙事修辞批评》，《阜阳师范学院学报》（社会科学版）2013 年第 2 期。

杨林秀：《英语科研论文中的言据性》，博士学位论文，厦门大学，2009年。

杨林秀：《英文学术论文中的作者身份构建：言据性视角》，《外语教学》2015年第2期。

杨娜、冉永平：《新闻时评话语中是非断言问句的语用研究》，《外语研究》2017年第3期。

杨庆存：《孔子"和"文化思想及现代启示》，《北京大学学报》（哲学社会科学版）2009年第2期。

杨曙、常晨光：《情态的评价功能》，《外语教学》2012年第4期。

杨四平：《现代中国文学海外传播与接受的差异性问题》，《中国现代文学论丛》2013年第1期。

杨滢滢、冯辉：《词汇中心教学法对学习者书面语词块习得的有效性研究》，《外语电化教学》2016年第5期。

杨跃珍：《突发事件新闻发布会的叙事修辞研究——以青海玉树地震为例》，《中州大学学报》2014年第5期。

杨跃珍：《中日撞船事件新闻发布会的叙事修辞研究》，《中州大学学报》2015年第2期。

杨柱：《孔子教育思想对当代素质教育的启示》，《孔子研究》2007年第1期。

姚银燕、陈晓燕：《英语学术书评语篇让步语义资源的介入意义》，《外语教学理论与实践》2012年第1期。

俞碧芳：《跨学科博士学位论文摘要的言据性及其人际意义》，《当代外语研究》2015年第4期。

俞碧芳：《基于语料库的跨学科博士学位论文摘要的体裁分析》，《当代外语研究》2016年第1期。

袁影、蒋严：《论叙事的"认同"修辞功能——香港新任特首梁振英参选演说分析》，《当代修辞学》2013年第2期。

袁周敏：《南京城市形象的话语建构》，《外国语言文学》2018年第1期。

詹霞:《后结构主义视域下的德国国家形象构建》,《中国外语》2016年第6期。

张德禄:《语类研究的范围及其对外语教学的启示》,《外语电化教学》2002年第4期。

张虹:《社会文化语言学"指示原则"与国家形象构建——以习近平联大演讲为例》,《外语学刊》2017年第3期。

张佳琛:《框架整合与荷兰王国国家形象构建——以荷兰王国国王威廉·亚历山大第70届联大演讲为例》,《外语研究》2017年第1期。

张曼:《中外摘要中第一人称代词用法的对比研究》,《上海翻译》2008年第2期。

张荣建:《书面语和会话中的引语分析》,《外国语》(上海外国语大学学报)2000年第2期。

张绍杰:《读写危机:当今英语专业面临的最大挑战》,《外语教学理论与实践》2012年第2期。

张秀荣、李增顺:《科研论文中第一人称代词使用频率及语篇功能的实证研究》,《西安外国语大学学报》2011年第2期。

张云玲:《商务英语言据性的人际功能研究》,《外语学刊》2016年第1期。

赵文超:《介入性投射与对话空间建构——一项基于两种学术书评语料的对比研究》,《西华大学学报》(哲学社会科学版)2014年第6期。

赵晓临、卫乃兴:《中国大学生英语书面语中的态度立场表达》,《外语研究》2010年第1期。

郑群、彭工:《情态和语类特征——基于语料库的研究》,《山东外语教学》2009年第6期。

郑艳:《认识外语专业内涵,建立研究性教学理念,培养创新型人才》,《外语界》2006年第3期。

周惠、刘永兵:《英汉学术书评中投射结构的评价研究》,《当代外语研究》2015年第2期。

周鑫宇：《定位理论视角下的外交演讲与国家形象构建》，《中国外语》2016年第6期。

庄智象、韩天霖、谢宇等：《关于国际化创新型外语人才培养的思考》，《外语界》2011年第6期。

庄智象、谢宇、韩天霖等：《国际化创新型外语人才培养的思考——教学大纲、课程体系、教学方法与手段》，《外语界》2012年第4期。

庄智象、韩天霖、谢宇等：《试论国际化创新型外语人才培养的教材体系建设》，《外语界》2013年第5期。

邹绍艳、潘鸣威：《〈中国英语能力等级量表〉的写作能力构念界定》，《当代外语研究》2018年第5期。

三 中文电子文献

中华人民共和国教育部：《国家中长期教育改革和发展规划纲要（2010—2020年）》，2010年5月5日，http：//www.gov.cn/jrzg/2010-07/29/content_1667143.htm。

中华人民共和国教育部：《外国语言文学类教学质量国家标准》，2018年1月30日，https：//www.elt.hunnu.edu.cn/info/1005/1037.htm。

中华人民共和国教育部：《中国英语能力等级量表》，2018年4月13日，http：//www.moe.gov.cn/srcsite/A19/s229/201804/t20180416_333315.html。

四 外文著作

Aikenvald, A. Y., *Evidentiality*, Oxford：Oxford University Press, 2004.

Aristotle, *The Art of Rhetoric*, trans. H. C. Lawson-Tancred, London：Penguin Books, 1991.

Baker, P., *Using Corpora in Discourse Analysis*, London：Continuum, 2006.

Bakhtin, M., *The Dialogic Imagination*, Austin：University of Texas Press, 1981.

Belcher, D. and G. Nelson eds. , *Critical and Corpus-based Approaches to Intercultural Rhetoric*, Ann Arbor, MI: University of Michigan Press, 2013.

Bell, A. , *The Language of News Media*, Oxford: Oxford University Press, 1991.

Benwell, B. and E. Stokoe, *Discourse and Identity*, Edinburgh: Edinburgh University Press, 2006.

Bhatia, V. K. , *Analyzing Genre: Language Use in Professional Settings*, New York: Longman, 1993.

Biber, D. , S. Johansson, G. Leech, S. Conrad and E. Finegan, *Longman Grammar of Spoken and Written English*, Harlow: Pearson Education, 1999.

Burke, K. , *A Rhetoric of Motives*, Berkeley: University of California Press, 1969.

Casanave, C. P. , *Controversies in Second Language Writing: Dilemmas and Decisions in Research and Instruction.* Ann Arbor, MI: University of Michigan Press, 2004.

Connor, U. , *Contrastive Rhetoric: Cross-cultural Aspects of Second-language Writing.* Cambridge: Cambridge University Press, 1996.

Connor, U. , *Intercultural Rhetoric in the Writing Classroom*, Ann Arbor, MI: University of Michigan Press, 2011.

Crismore, A. , *Talking with Readers: Metadiscourse as Rhetorical Act*, New York: Peter Lang, 1989.

De Fina, A. , D. Schiffrin and M. Bamberg eds. , *Discourse and Identity*, Cambridge: Cambridge University Press, 2006.

Fairclough, N. , *Language and Power*, London / NewYork: Longman, 1989.

Fairclough, N. , *Discourse and Social Change*, Cambridge: Polity Press, 1992.

Fairclough, N. , *Critical Discourse Analysis: The Critical Study of Lan-*

guage, New York: Longman, 1995a.

Fairclough, N., *Media Discourse*, London: Edward Arnold, 1995b.

Fairclough, N., *Analyzing Discourse: Textual Analysis for Social Research*, London: Routledge, 2003.

Fingarette, H., *Confucius: The Secular as Sacred*, New York: HarperCollins Publishers, 1972.

Fisher, W. R., *Human Communication as Narration: Toward a Philosophy of Reason, Value, and Action*, Columbia: University of South Carolina Press, 1987.

Fishman, M., *Manufacturing the News*, Austin: University of Texas Press, 1980.

Foss, S., *Rhetorical Criticism: Exploration and Practice*, Chicago: Waveland Press, 2004.

Fowler, R., *Languages in the News: Discourse and Ideology in the Press*, London and New York: Routledge, 1991.

Fowler, R., B. Hodge, G. Kress and T. Trew, *Language and Control*, London: Routledge & Kegan Paul, 1979.

Geis, M. L., *The Language of Politics*, New York: Springer Verlag, 1987.

Girardot, N. J., *The Victorian Translation of China*, California: University of California Press, 2002.

Grabe, W. and R. B. Kaplan, *Theory and Practice of Writing: An Applied Linguistic Perspective*, New York: Longman, 1996.

Hall, D. L. and T. Roger, *Thinking Through Confucius*, New York: State University of New York Press, 1987.

Halliday, M. A. K., *Language as Social Semiotics*, London: Edward Arnold, 1978.

Halliday, M. A. K., *An Introduction to Functional Grammar*, London: Edward Arnold, 1994.

Halliday, M. A. K. and R. Hasan, *Cohesion in English*, London: Longman, 1976.

Halliday, M. A. K. and C. M. I. Matthiessen, *An Introduction to Functional Grammar*, London: Edward Arnold, 2004.

Hardt-Mautner, G. , "*Only Connect*". *Critical Discourse Analysis and Corpus Linguistics*, Lancaster: UCREL, 1995.

Haswell, R. , *Gaining Ground in College Writing: Tales of Development and Interpretation*, Dallas: Southern Methodist University Press, 1991.

Hauser, G. A. , *Introduction to Rhetorical Theory*, Prospect Heights: Waveland Press, Inc. , 1991.

Hofstede, G. H. , *Culture's Consequences: Comparing Values, Behaviors, Institutions and Organizations across Nations*, Thousand Oaks, California: Sage Publications, 2001.

Hunston, S. and G. Thompson, *Evaluation in Text: Authorial Stance and the Construction of Discourse*, Oxford: Oxford University Press, 2000.

Hyland, K. , *Metadiscourse: Exploring Interaction in Writing*, London, New York: Continuum, 2005.

Ivanič, R. , *Writing and Identity: The Discoursal Construction of Identity in Academic Writing*, Amsterdam/Philadelphia: John Benjamins Publishing Company, 1998.

Jones, R. H. and C. A. Hafner, *Understanding Digital Literacies: A Practical Introduction*, London: Routledge, 2012.

Kirkpatrick, A. and Z. Xu, *Chinese Rhetoric and Writing: An Introduction for Language Teachers*, Anderson, SC: Parlor Press, 2012.

Kristeva, J. , *The Kristeva Reader*, New York: Columbia University Press, 1986.

Leech, G. and M. Short, *Style in Fiction*, Harlow: Pearson Education Limited, 2007.

Li, X. M. , *"Good Writing" in Cross-cultural Context*, Albany: State University of New York Press, 1996.

Martin, J. R. , *Beyond Exchange: Appraisal Systems in English*, Oxford: Oxford University Press, 2000.

Martin, J. R. and P. R. R. White, *The Language of Evaluation: Appraisal in English*, Beijing: Foreign Language Teaching and Research Press, 2008.

Partington, A., *The Linguistics of Political Argument: The Spin-Doctor and the Wolf-Pack at the White House*, London: Routledge, 2003.

Pfister, L. F., *Striving for "The Whole Duty of Man", James Legge and the Scottish Protestant Encounter with China*, Frankfurt am Main: Peter Lang, 2004.

Phelan, J., *Narrative as Rhetoric: Technique, Audiences, Ethics, Ideology*, Columbus: Ohio State University Press, 1996.

Phelan, J., *Somebody Telling Somebody Else: A Rhetorical Poetics Narrative*, Columbus: Ohio State University Press, 2017.

Schwartz, B., *The World of Thought in Ancient China*, Cambridge, Mass: Harvard University Press, 1985.

Scollon, R., S. W. Scollon and A. Kirkpatrick, *Contrastive Discourse in Chinese and English*, Beijing: Foreign Language Teaching and Research Press, 2000.

Shaw, S. D. and C. J. Weir, 2007, *Examining Writing: Research and Practice in Assessing Second Language Writing*, Cambridge: Cambridge University Press, 2007.

Sinclair, J., *Corpus, Concordance, Collocation*, Oxford: Oxford University Press, 1991.

Sinclair, J., *Trust the Text*, London: Routledge, 2004.

Stubbs, M., *Text and Corpus Analysis: Computer-assisted Studies of Language and Culture*, Oxford: Oxford University Press, 1996.

Stubbs, M., *Words and Phrases: Corpus Studies of Lexical Semantics*, Oxford: Blackwell, 2001.

Swales, J. M., *Genre Analysis: English in Academic and Research Settings*, Cambridge: Cambridge University Press, 1990.

Tannen, D. , *Talking Voices: Repetition, Dialogue, and Imagery in Conversational Discourse*, New York: Cambridge University Press, 2007.

Toulmin, S. , *The Uses of Argument*, Cambridge: Cambridge University Press, 1958.

Van Dijk, T. A. , *News as Discourse*, Hillsdale, NJ: Lawrence Erlbaum Associates, 1988.

Weir, C. J. , *Language Testing and Validation: An Evidence-based Approach*, Basingstoke: Palgrave Macmillan, 2005.

Wray, A. , *Formulaic Language and the Lexicon*, Cambridge: Cambridge University Press, 2002.

You, X. Y. , *Writing in the Devil's Tongue: A History of English Composition in China*, Carbondale, IL: Southern Illinois University Press, 2010.

五 外文论文

Abdi, R. , "Interpersonal Metadiscourse: An Indicator of Interaction and Identity", *Discourse Studies*, Vol. 4, No. 2, 2002.

Ädel, A. and B. Erman, "Recurrent Word Combinations in Academic Writing by Native and Non-native Speakers of English: A Lexical Bundle Approach", *English for Specific Purposes*, Vol. 31, No. 2, 2012.

Atkinson, D. , "Contrastive Rhetorics/Contrasting Cultures: Why Contrastive Rhetoric Needs a Better Conceptualization of Culture", *Journal of English for Academic Purposes*, Vol. 3, No. 4, 2004.

Atkinson, D. and P. K. Matsuda, "Intercultural Rhetoric: A Conversation-The Sequel", in D. Belcher and G. Nelson, eds. *Critical and Corpus-based Approaches to Intercultural Rhetoric*, Ann Arbor, MI: University of Michigan Press, 2013.

Baker, P. , C. Gabrielatos, M. KhosraviNik, M. Krzyzanowski, T. McEnery and R. Wodak, "A Useful Methodological Synergy? Combing Critical Discourse Analysis and Corpus Linguistics to Examine Discourses of Refugees and Asylum Seekers in the UK Press", *Discourse & Society*, Vol. 19, No. 3, 2008.

Baker, W., "Interpreting the Culture in Intercultural Rhetoric: A Critical Perspective from English as a Lingual Franca Studies", in D. Belcher and G. Nelson, eds. *Critical and Corpus-based Approaches to Intercultural Rhetoric*, Ann Arbor, MI: University of Michigan Press, 2013.

Bal-Gezegin, B., "A Corpus-based Investigation of Metadiscourse in Academic Book Reviews", *Procedia-Social and Behavioral Sciences*, Vol. 232, No. 14, 2016.

Baynham, M., "Direct Speech: What's It Doing in Non-narrative Discourse", *Journal of Pragmatics*, Vol. 25, No. 1, 1996.

Belcher, D., "What We Need and Don't Need Intercultural Rhetoric for: A Retrospective and Prospective Look at an Evolving Research Area", *Journal of Second Language Writing*, Vol. 25, No. 1, 2014.

Biber, D., "A Corpus-driven Approach to Formulaic Language in English: Multi-word Patterns in Speech and Writing", *International Journal of Corpus Linguistics*, Vol. 14, No. 3, 2009.

Biber, D. and F. Barbieria, "Lexical Bundles in University Spoken and Written Registers", *English for Specific Purposes*, Vol. 26, No. 3, 2007.

Biber, D., S. Conrad and V. Cortes, "Lexical Bundles in Speech and Writing: An Initial Taxonomy", in A. Wilson, P. Rayson and T. McEnery, eds. *Corpus Linguistics by the Lune: A Festschrift for Geoffrey Leech*. Frankfurt: Peter Lang, 2003.

Biber, D., S. Conrad and V. Cortes, "If You Look at Lexical Bundles in University Teaching and Textbooks", *Applied Linguistics*, Vol. 25, No. 3, 2004.

Biber, D. and E. Finegan, "Adverbial Stance Types in English", *Discourse Processes*, Vol. 11, No. 1, 1988.

Biber, D. and E. Finegan, "Styles of Stance in English: Lexical and Grammatical Marking of Evidentiality and Affect", *Text*, Vol. 9, No. 1, 1989.

Bickner, R. and P. Peyasantiwong, "Cultural Variation in Reflective

Writing", in A. C. Purves, ed. *Writing across Languages and Cultures*: Issues in Contrastive Rhetoric, Newbury Park, CA: Sage Publications, 1988.

Bitzer, L., "The Rhetorical Situation", *Philosophy and Rhetoric*, Vol. 25, No. 1, 1968.

Bloch, J., "Afterword", in D. Belcher and G. Nelson, eds. *Critical and Corpus-based Approaches to Intercultural Rhetoric*, Ann Arbor, MI: University of Michigan Press, 2013.

Bondi, M., "Historians at Work: Reporting Frameworks in English and Italian Book Review Articles", in K. Hyland and G. Diani, eds. *Academic Evaluation Review Genres in University Settings*, Basingstoke, UK: Palgrave Macmillan, 2009.

Brugman, C. M. and M. Macaulay, "Characterizing Evidentiality", *Linguistic Typology*, Vol. 19, No. 2, 2015.

Bunton, D., "The Use of Higher Level Metatext in Ph. D Theses", *English for Specific Purposes*, Vol. 18, No. Suppl. 1, 1999.

Cai, G., "Beyond Bad Writing: Teaching English Composition to Chinese ESL Students", Paper presented at the College Composition and Communication Conference, San Diego CA, 1993.

Çakır, H., "Native and Non-native Writers' Use of Stance Adverbs in English Research Article Abstracts", *Open Journal of Modern Linguistics*, Vol. 6, No. 2, 2016.

Canagarajah, S., "Toward a Writing Pedagogy of Shuttling Between Languages: Learning from Multilingual Writers", *College English*, Vol. 68, No. 6, 2006.

Canagarajah, S., "From Intercultural Rhetoric to Cosmopolitan Practice: Addressing New Challenges in Lingua Franca English", in D. Belcher and G. Nelson, eds. *Critical and Corpus-based Approaches to Intercultural Rhetoric*. Ann Arbor, MI: University of Michigan Press, 2013.

Cao, Y. and R. Xiao, "A Multi-dimensional Contrastive Study of English Abstracts by Native and Non-native Writers", *Corpora*, Vol. 8,

No. 2, 2013.

Carrió-Pastor, M. L. , "A Contrastive Study of the Variation of Sentence Connectors in Academic English", *Journal of English for Academic Purposes*, Vol. 12, No. 3, 2013.

Chafe, W. , "Evidentiality in English Conversation and Academic Writing", in W. Chafe and J. Nichols, eds. *Evidentiality: The Linguistic Coding of Epistemology*, Norwood: Ablex, 1986.

Charles, M. , " 'This Mystery...' : A Corpus-based Study of the Use of Nouns to Construct Stance in Theses from Two Contrasting Disciplines", *Journal of English for Academic Purposes*, Vol. 2, No. 4, 2003.

Charles, M. , "The Construction of Stance in Reporting Clauses: A Cross Disciplinary Study of Theses", *Applied Linguistics*, Vol. 27, No. 3, 2006.

Charles, M. , "Argument or Evidence? Disciplinary Variation in the Use of the Noun That Pattern in Stance Construction", *English for Specific Purposes*, Vol. 26, No. 2, 2007.

Cheang, A. W. , "The Master's Voice: On Reading, Translating and Interpreting *The Analects of Confucius*", *The Review of Politics*, Vol. 62, No. 3, 2000.

Chen, Y. H. and P. Baker, "Lexical Bundles in L1 and L2 Academic Writing", *Language Learning & Technology*, Vol. 14, No. 2, 2010.

Cheng, W. and P. W. Y. Lam, "Western Perception of Hong Kong Ten Years On: A Corpus-driven Critical Discourse Study", *Applied Linguistics*, Vol. 34, No. 2, 2013.

Connor, U. , "A Study of Cohesion and Coherence in English as a Second Language Students' Writing", *Paper in Linguistics*, Vol. 17, No. 3, 1984.

Connor, U. , "Intercultural Rhetoric Research: Beyond Texts", *Journal of English for Academic Purposes*, Vol. 3, No. 4, 2004.

Connor, U. , "Mapping Multidimensional Aspects of Research: Reaching to Intercultural Rhetoric", in U. Connor, E. Nagelhout and W. V. Rozycki, eds. *Contrastive Rhetoric: Reaching to Intercultural Rhetoric*, Amsterdam/ Philadelphia: John Benjamins Publishing Company, 2008.

Connor, U., "Corpus Linguistics in Intercultural Rhetoric", in D. Belcher and G. Nelson, eds. *Critical and Corpus-based Approaches to Intercultural Rhetoric*, Ann Arbor, MI: University of Michigan Press, 2013.

Cortes, V., "Lexical Bundles in Academic Writing in History and Biology", Ph. D. dissertation, Northern Arizona University, 2002.

Cortes, V., "Lexical Bundles in Published and Student Disciplinary Writing: Examples from History and Biology", *English for Specific Purposes*, Vol. 23, No. 4, 2004.

Cortes, V., "A Comparative Analysis of Lexical Bundles in Academic History Writing in English and Spanish", *Corpora*, Vol. 3, No. 1, 2008.

Cortes, V. and J. A. Hardy, "Analyzing the Semantic Prosody and Semantic Preference of Lexical Bundles", in D. Belcher and G. Nelson, eds. *Critical and Corpus-based Approaches to Intercultural Rhetoric*, Ann Arbor, MI: University of Michigan Press, 2013.

Dafouz-Milne, E., "The Pragmatic Role of Textual and Interpersonal Metadiscourse Markers in the Construction and Attainment of Persuasion: A Cross-linguistic Study of Newspaper Discourse", *Journal of Pragmatics*, Vol. 40, No. 1, 2008.

Dahl, T., "Textual Metadiscourse in Research Articles: A Marker of National Culture or of Academic Discipline", *Journal of Pragmatics*, Vol. 36, No. 10, 2004.

De Cock, S., "A Recurrent Word Combination Approach to the Study of Formulae in the Speech of Native and Non-native Speakers of English", *International Journal of Corpus Linguistics*, Vol. 3, No. 1, 1998.

De Cock, S., "Repetitive Phrasal Chunkiness and Advanced EFL Speech and Writing", in C. Mair and M. Hund, eds. *Corpus Linguistics and Linguistic Theory: Papers from the Twentieth International Conference on*

English Language Research on Computerized Corpora (ICAME 20), Amsterdam: Rodopi, 2000.

Deng, L., "Academic Identity Construction in Writing the Discussion & Conclusion Section of L2 Theses: Case Studies of Chinese Social Science Doctoral Students", *Chinese Journal of Applied Linguistics*, Vol. 35, No. 3, 2012.

Diani, G., "Reporting and Evaluation in English Book Review Articles: A Cross-Disciplinary Study", in K. Hyland and G. Diani, eds. *Academic Evaluation Review Genres in University Settings*, Basingstoke, UK: Palgrave Macmillan, 2009.

Doolan, S. M., "Generation 1.5 Writing Compared to L1 and L2 Writing in First-Year Composition", *Written Communication*, Vol. 30, No. 2, 2013.

Durrant, P., "Investigating the Viability of a Collocation List for Students of English for Academic Purposes", *English for Specific Purposes*, Vol. 28, No. 3, 2009.

Ebrahimi, S. F. and S. H. Chan, "Research Article Abstracts in Applied Linguistics and Economics: Functional Analysis of the Grammatical Subject", *Australian Journal of Linguistics*, Vol. 35, No. 4, 2015.

Eggington, W. G., "Written Academic Discourse in Korean: Implications for Effective Communication", in U. Connor and R. B. Kaplan, eds. *Writing Across Languages: Analysis of L2 Text*, Reading, MA: Addison-Wesley, 1987.

Ellis, N., R. Simpson-Vlach and C. Maynard, "Formulaic Language in Native and Second-language Speakers: Psycholinguistics, Corpus linguistics and TESOL", *TESOL Quarterly*, Vol. 42, No. 3, 2008.

Firth, J., "A Synopsis of Linguistic Theory, 1930-1955", in F. R. Palmer, ed. *Selected Papers of J. R. Firth 1952-1959*, London: Longman, 1968.

Fisher, W. R., "Rationality and the Logic of Good Reasons", *Philosophy and Rhetoric*, Vol. 13, No. 2, 1980.

Fisher, W. R. , "Narration as a Human Communication Paradigm: The Case of Public Moral Argument", *Communication Monographs*, Vol. 51, No. 1, 1984.

Fisher, W. R. , "The Narrative Paradigm: An Elaboration", *Communications Monographs*, Vol. 52, No. 4, 1985.

Flowerdew, J. , "The Discursive Construction of a World-class City", *Discourse & Society*, Vol. 15, No. 5, 2004.

Fraiberg, S. and X. Y. You, "A Multilingual and Multimodal Framework for Studying L2 Writing", *Journal of EFL Writing Teaching and Research*, Vol. 1, No. 1, 2012.

Friginal, E. , "Linguistic Characteristics of International Call Center Interactions: A Multi-dimensional Analysis", in D. Belcher and G. Nelson, eds. *Critical and Corpus-based Approaches to Intercultural Rhetoric*, Ann Arbor, MI: University of Michigan Press, 2013.

Gentil, G. , "Bilingual Corpus-assisted Discourse Analysis: Promises, Challenges, and Ways Forward", in D. Belcher and G. Nelson, eds. *Critical and Corpus-based Approaches to Intercultural Rhetoric*, Ann Arbor, MI: University of Michigan Press, 2013.

Graetz, N. , "Teaching EFL Students to Extract Structural Information from Abstracts", in J. M. Ulijn and A. K. Pugh, eds. *Reading for Professional Purposes: Methods and Materials in Teaching Languages*, Leuven: Acco, 1985.

Granger, S. , "Prefabricated Patterns in Advanced EFL Writing: Collocations and Formulae", in A. P. Cowie, ed. *Phraseology: Theory, Analysis and Applications*, Oxford: Oxford University Press, 1998.

Harry, J. C. , "Journalistic Quotation: Reported Speech in Newspapers from a Semiotic-linguistic Perspective", *Journalism*, Vol. 15, No. 8, 2014.

Hart, R. P. and S. M. Daughton, *Modern Rhetorical Criticism*, Boston: Pearson Education Press, 2005.

Harwood, N. , " '*Nowhere has anyone attempted... In this article I aim* to do just that' A Corpus-based Study of Self-promotional *I* and *We* in Academic Writing across Four Disciplines", *Journal of Pragmatics*, Vol. 37, No. 8, 2005a.

Harwood, N., "'We Do Not Seem to Have a Theory... The Theory I Present Here Attempts to Fill This Gap': Inclusive and Exclusive Pronouns in Academic Writing", *Applied Linguistics*, Vol. 26, No. 3, 2005b.

Hinds, J., "Contrastive Rhetoric: Japanese and English", *Text*, Vol. 3, No. 2, 1983.

Hinds, J., "Readers Versus Writer Responsibility: A New Typology", in U. Connor and R. B. Kaplan, eds. *Writing across Languages: Analysis of L2 Text*, Reading, MA: Addison-Wesley, 1987.

Horner, B., "Writing English as a Lingual Franca", in A. Archibald and A. Cogo, eds. *Latest Trends in ELF Research*, Newcastle, UK: Cambridge Scholars, 2011.

Hsien, C. L., "Evidentiality in Chinese Newspaper Reports: Subjectivity/Objectivity as a Factor", *Discourse Studies*, Vol. 10, No. 2, 2008.

Hu, Guangwei and Guihua, Wang, "Disciplinary and Ethnolinguistic Influences on Citation in Research Articles", *Journal of English for Academic Purposes*, Vol. 14, No. 1, 2014.

Huang, Kaisheng, "More Does Not Mean Better: Frequency and Accuracy Analysis of Lexical Bundles in Chinese EFL Learners' Essay Writing", *System*, Vol. 53, No. 3, 2015.

Hyland, K., "Persuasion and Context: The Pragmatics of Academic Metadiscourse", *Journal of Pragmatics*, Vol. 30, No. 4, 1998.

Hyland, K., "Disciplinary Discourses: Writer Stance in Research Articles", in C. Candlin and K. Hyland, eds. *Writing: Texts, Processes and Practices*, London: Longman, 1999.

Hyland, K., "Authority and Invisibility: Authorial Identity in Academic Writing", *Journal of Pragmatics*, Vol. 34, No. 8, 2002.

Hyland, K., *Disciplinary Discourses: Social Interactions in Academic*

Writing, Ann Arbor, MI: The University of Michigan Press, 2004.

Hyland, K., "Stance and Engagement: A Model of Interaction", *Discourse Studies*, Vol. 7, No. 2, 2005.

Hyland, K., "Academic Clusters: Text Patterning in Published and Postgraduate Writing", *International Journal of Applied Linguistics*, Vol. 18, No. 1, 2008a.

Hyland, K., "As Can Be Seen: Lexical Bundles and Disciplinary Variation", *English for Specific Purposes*, Vol. 27, No. 1, 2008b.

Hyland, K., "Drawing a Line in the Sand: Identifying the Borderzone Between Self and Other in EL1 and EL2 Citation Practices", *Assessing Writing*, Vol. 14, No. 1, 2009.

Hyland, K. and F. Jiang, "Change of Attitude? A Diachronic Study of Stance", *Written Communication*, Vol. 33, No. 3, 2016a.

Hyland, K. and F. Jiang, "'We must conclude that...': A Diachronic Study of Academic Engagement", *Journal of English for Academic Purposes*, Vol. 24., No. 2, 2016b.

Hyland, K. and J. Milton, "Qualification and Certainty in L1 and L2 Students' Writing", *Journal of Second Language Writing*, Vol. 6, No. 2, 1997.

Hyland, K. and P. Tse, "Metadiscourse in Academic Writing: A Reappraisal", *Applied Linguistics*, Vol. 25, No. 2, 2004.

Hyland, K. and P. Tse, "Evaluative *That* Constructions: Signalling Stance in Research Abstracts", *Functions of Language*, Vol. 12, No. 1, 2005a.

Hyland, K. and P. Tse, "Hooking the Reader: A Corpus Study of Evaluative *That* in Abstracts", *English for Specific Purposes*, Vol. 24, No. 2, 2005b.

Itakura, H., "Hedging Praise in English and Japanese Book Reviews", *Journal of Pragmatics*, Vol. 45, No. 1, 2013.

Itakura, H. and A. B. M. Tsui, "Evaluation in Academic Discourse:

Managing Criticism in Japanese and English Book Reviews", *Journal of Pragmatics*, Vol. 43, No. 5, 2011.

Jiang, F. and K. Hyland, "Metadiscursive Nouns: Interaction and Cohesion in Abstract Moves", *English for Specific Purposes*, Vol. 46, No. 1, 2017.

Johns, A. M., "Textual Cohesion and the Chinese Speaker of English", *Language Learning and Communication*, Vol. 3, No. 1, 1984.

Junqueira, L., "A Genre-based Investigation of Applied Linguistics Book Reviews in English and Brazilian Portuguese", *Journal of English for Academic Purposes*, Vol. 12, No. 3, 2013.

Kaplan, R. B., "Cultural Thought Patterns in Inter-cultural Education", *Language Learning*, Vol. 16, No. 1, 1966.

Kaplan, R. B., "Cultural Thought Patterns Revisited", in U. Connor and R. B. Kaplan, eds. *Writing Across Languages: Analysis of L2 Text*, Reading, MA: Addison-Wesley, 1987.

Kaplan, R. B., "Foreword: What in the World Is Contrastive Rhetoric", in C. G. Panetta, ed. *Contrastive Rhetoric Revisited and Redefined*, Mahwah, NJ: Lawrence Erbaum Associates, 2001.

Khabbazi-Oskouei, L., "Propositional or Non-propositional, That Is the Question: A New Approach to Analyzing 'Interpersonal Metadiscourse' in Editorials", *Journal of Pragmatics*, Vol. 47, No. 1, 2013.

Kim, L. C. and J. Miin-Hwa Lim, "Metadiscourse in English and Chinese Research Article Introductions", *Discourse Studies*, Vol. 15, No. 2, 2013.

Kim, Y., "Korean Lexical Bundles in Conversation and Academic Texts", *Corpora*, Vol. 4, No. 2, 2009.

Kirkpatrick, A., "Traditional Chinese Text Structures and Their Influence on the Writing in Chinese and English of Contemporary Mainland Chinese Students", *Journal of Second Language Writing*, Vol. 6, No. 3, 1997.

Kjellmer, G., "A Mint of Phrases", in K. Aijmer and B. Altenberg, eds. *English Corpus Linguistics: Studies in Honour of Jan Svartvik*, London:

Longman, 1991.

Kubota, R. and A. Lehner, "Toward Critical Contrastive Rhetoric", *Journal of Second Language Writing*, Vol. 13, No. 1, 2004.

Kuo, C. H., "The Use of Personal Pronouns: Role Relationships in Scientific Journal Articles", *English for Specific Purposes*, Vol. 18, No. 2, 1999.

Kwon, K., "A Bias-driven Modal Development of Evidentiality: The Korean Inferential Evidential - po", *Journal of East Asian Linguistics*, Vol. 27, No. 4, 2018.

Lau, H. H., "The Structure of Academic Journal Abstracts Written by Taiwanese PhD Students", *Taiwan Journal of TESOL*, Vol. 1, No. 1, 2004.

Le, E., "Active Participation within Written Argumentation: Metadiscourse and Editorialist's Authority", *Journal of Pragmatics*, Vol. 36, No. 4, 2004.

Leki, I., "Twenty-five Years of Contrastive Rhetoric: Text Analysis and Writing Pedagogies", *TESOL Quarterly*, Vol. 25, No. 1, 1991.

Li, Juan, "Intertextuality and National Identity: Discourse of National Conflicts in Daily Newspapers in the United States and China", *Discourse & Society*, Vol. 20, No. 1, 2009.

Li, T. and S. Wharton, "Metadiscourse Repertoire of L1 Mandarin Undergraduates Writing in English: A Cross-contextual, Cross-disciplinary Study", *Journal of English for Academic Writing*, Vol. 11, No. 4, 2012.

Li, X. H., M. Meng and H. Zhang, "A Contrastive Perspective on the Narrativeness of English Writings of Chinese and NES Authors", *Chinese Journal of Applied Linguistics*, Vol. 35, No. 4, 2012.

Li, X. M., "Are 'Cultural differences a mere fiction'?: Reflections and Arguments on Contrastive Rhetoric", *Journal of Second Language Writing*, Vol. 25, No. 1, 2014.

Lorés-Sanz, R., "ELF in the Making? Simplification and Hybridity in

Abstract Writing", *Journal of English as a Lingua Franca*, Vol. 5, No. 1, 2016.

Luzón, M. J., "The Use of *We* in a Learner Corpus of Reports Written by EFL Engineering Students", *Journal of English for Academic Purposes*, Vol. 8, No. 3, 2009.

Marín-Arrese, J., "Epistemicity and Stance: A Cross-linguistic Study of Epistemic Stance Strategies in Journalistic Discourse in English and Spanish", *Discourse Studies*, Vol. 17, No. 2, 2015.

Martin, P. M., "A Genre Analysis of English and Spanish Research Paper Abstracts in Experimental Social Sciences", *English for Specific Purposes*, Vol. 22, No. 1, 2003.

Matalene, C., "Contrastive Rhetoric: An American Writing Teacher in China", *College English*, Vol. 47, No. 8, 1985.

Matsuda, P. K., "Contrastive Rhetoric in Context: A Dynamic Model of L2 Writing", in T. Silva and P. K. Matsuda, eds. *Landmark Essays on Second Language Writing*, Mahwah, NJ: Erlbaum, 1997.

Mauranen, A., "Contrastive ESP Rhetoric: Metatext in Finnish-English Economics Texts", *English for Specific Purposes*, Vol. 12, No. 1, 1993.

Milton, J., "Exploring L1 and Interlanguage Corpora in the Design of an Electric Language Learning and Production Environment", in S. Granger, ed. *Learner English on Computer*, London: Longman, 1998.

Mohan, B. A. and W. A. Y. Lo, "Academic Writing and Chinese Students: Transfer and Developmental Factors", *TESOL Quarterly*, Vol. 19, No. 3, 1985.

Moreno, A. and L. Suárez, "A Study of Critical Attitude across English and Spanish Academic Book Reviews", *Journal of English for Academic Purposes*, Vol. 7, No. 1, 2008.

Moreno, A. and L. Suárez, "Academic Book Reviews in English and Spanish: Critical Comments and Rhetorical Structure", in K. Hyland and G. Diani, eds. *Academic Evaluation Review Genres in University Settings*,

Basingstoke, UK: Palgrave Macmillan, 2009.

Mushin, I., *Evidentiality and Epistemological Stance: Narrative Retelling*, Amsterstam: John Benjamins Publishing Company, 2001.

Myers, G., "The Pragmatics of Politeness in Scientific Articles", *Applied Linguistics*, Vol. 10, No. 1, 1989.

Myers, G., "Functions of Reported Speech in Group Discussions", *Applied Linguistics*, Vol. 20, No. 3, 1999.

Myketiak, C., S. Concannon and P. Curzon, "Narrative Perspective, Person References, and Evidentiality in Clinical Incident Reports", *Journal of Pragmatics*, Vol. 117, No. 1, 2017.

Nattinger, J. and J. S. DeCarrico, *Lexical Phrases and Language Teaching*, Oxford: Oxford University Press, 1992.

Otsuji, E., "'Where am I from': Performative and 'Metro' Perspectives of Origin", in D. Nunan and J. Choi, eds. *Language and Culture: Reflective Narratives and the Emergence of Identity*, New York: Routledge, 2010.

Otsuji, E. and A. Pennycook, "Metrolingualism: Fixity, Fluidity, and Language in Flux", *International Journal of Multilingualism*, Vol. 7, No. 3, 2010.

Pan, F., R. Reppen and D. Biber, "Comparing Patterns of L1 Versus L2 English Academic Professionals: Lexical Bundles in Telecommunications Research Journals", *Journal of English for Academic Purposes*, Vol. 21, No. 2, 2016.

Pawley, A. and R. H. Syder, "Two Puzzles for Linguistic Theory: Native Like Selection and Native Like Fluency", in J. Richards and R. Schmidt, eds. *Language and Communication*, London: Longman, 1983.

Pérez-Llantada, C., "Formulaic Language in L1 and L2 Expert Academic Writing: Convergent and Divergent Usage", *Journal of English for Academic Purposes*, Vol. 14, No. 3, 2014.

Petch-Tyson, S., "Demonstrative Expressions in Argumentative Discourse: A Computer Corpus-based Comparison of Non-native and Native English", in S. Botley and A. M. McEnery, eds. *Corpus-based Computational Approaches to Discourse Anaphora*, Amsterdam: John Benjamins Publishing Company, 2000.

Pho, P. D. , "Research Article Abstracts in Applied Linguistics and Educational Technology: A Study of Linguistic Realizations of Rhetorical Structure and Authorial Stance", *Discourse Studies*, Vol. 10, No. 2, 2008.

Piper, A. , "Some Have Credit Cards and Others Have Giro Cheques: 'Individuals' and 'People' as Lifelong Learners in Late Modernity", *Discourse & Society*, Vol. 11, No. 4, 2000.

Qian, Yufang and T. McEnery, "A Corpus-based Discourse Study of Chinese Medicine in UK National Newspapers", *Foreign Language Teaching and Research*, Vol. 49, No. 1, 2017.

Qin, Jingjing, "Use of Formulaic Bundles by Non-native English Graduate Writers and Published Authors in Applied Linguistics", *System*, Vol. 42, No. 1, 2014.

Rowland, R. C. , "On Limiting the Narrative Paradigm: Three Case Studies", *Communications Monographs*, Vol. 56, No. 1, 1989.

Rowland, R. C. , "The Narrative Perspective", in J. A. Kuypers, ed. *The Art of Rhetorical Criticism*, New York: Pearson Education, Inc. , 2005.

Salager-Meyer, F. , "A Text-type and Move Analysis Study of Verb Tense and Modality Distribution in Medical English Abstracts", *English for Specific Purposes*, Vol. 11, No. 2, 1992.

Salager-Meyer, F. and M. A. Alcaraz Ariza, "Negative Appraisals in Academic Book Reviews: A Cross-linguistic Approach", in C. Candlin and M. Gotti, eds. *Intercultural Aspects of Specialised Communication*, Frankfurt: Peter Lang, 2004.

Samraj, B. , "An Exploration of a Genre Set: Research Article Abstracts and Introductions in Two Disciplines", *English for Specific Purposes*,

Vol. 24, No. 2, 2005.

Santos, M. B. D., "The Textual Organization of Research Paper Abstracts in Applied Linguistics", *Text*, Vol. 16, No. 4, 1996.

Shokouhi, H., C. Norwood and S. Soltani, "Evidentials in Persian Editorials", *Discourse Studies*, Vol. 17, No. 4, 2015.

Simpson, J. M., "Topical Structure Analysis of Academic Paragraphs in English and Spanish", *Journal of Second Language Writing*, Vol. 9, No. 3, 2000.

Simpson-Vlach, R. and N. C. Ellis, "An Academic Formulas List: New Methods in Phraseology Research", *Applied Linguistics*, Vol. 31, No. 4, 2010.

Sinclair, J., "The Search for Units of Meaning", *Textus*, Vol. 9, No. 1, 1996.

Soter, A., "The Second Language Learner and Cultural Transfer in Narration", in A. C. Purves, ed. *Writing across Languages and Cultures: Issues in Contrastive Rhetoric*, Newbury Park, CA: Sage Publications, 1988.

Spack, R., "The Rhetorical Construction of Multilingual Students", *TESOL Quarterly*, Vol. 31, No. 4, 1997.

Staples, S., J. Egbert, D. Biber and A. McClair, "Formulaic Sequences and EAP Writing Development: Lexical Bundles in the TOEFL iBT Writing Section", *Journal of English for Academic Purposes*, Vol. 12, No. 3, 2013.

Suárez, L. and A. Moreno, "The Rhetorical Structure of Literary Academic Book Reviews: An English-Spanish Cross-linguistic Approach", in U. Connor, E. Nagelhout and W. Rozycki, eds. *Contrastive Rhetoric: Reaching to Intercultural Rhetoric*, Amsterdam: John Benjamins Publishing Company, 2008.

Tang, R. and S. John, "The 'I' in Identity: Exploring Writer Identity in Student Academic Writing Through the First Person Pronoun", *English for Specific Purposes*, Vol. 18, No. Suppl. 1, 1999.

Tankó, G., "Literary Research Article Abstracts: An Analysis of Rhetorical Moves and Their Linguistic Realizations", *Journal of English for Academic Purposes*, Vol. 27, No. 1, 2017.

Tarone, E., S. Dwyer, S. Gillette and V. Icke, "On the Use of the Passive and Active Voice in Astrophysics Journal Papers: With Extensions to Other Languages and Other Fields", *English for Specific Purposes*, Vol. 17, No. 1, 1998.

Taylor, G. and T. Chen, "Linguistic, Cultural, and Subcultural Issues in Contrastive Discourse Analysis: Anglo-American and Chinese Scientific Texts", *Applied Linguistics*, Vol. 12, No. 3, 1991.

Temples, A. L. and G. Nelson, "Intercultural Computer-mediated Communication: Insights from Corpus-based Analysis", in D. Belcher and G. Nelson, eds. *Critical and Corpus-based Approaches to Intercultural Rhetoric*, Ann Arbor, MI: University of Michigan Press, 2013.

Thompson, P., "A Pedagogically-motivated Corpus-based Examination of PhD Thesis: Macrostructure, Citation Practices and Uses of Modal Verbs", Ph. D. dissertation, University of Reading, 2001.

Thompson, G. and Y. Ye, "Evaluation in the Reporting Verbs Used in Academic Papers", *Applied Linguistics*, Vol. 12, No. 4, 1991.

Tournadre, N. and R. J. LaPolla, "Towards a New Approach to Evidentiality", *Linguistics of the Tibeto-Burman Area*, Vol. 37, No. 2, 2014.

Tse, P. and K. Hyland, "Discipline and Gender: Constructing Rhetorical Identity in Book Reviews", in K. Hyland and G. Diani, eds. *Academic Evaluation Review Genres in University Settings*, Basingstoke, UK: Palgrave Macmillan, 2009.

Tseng, F., "Analyses of Move Structure and Verb Tense of Research Article Abstracts in Applied Linguistics", *International Journal of English Linguistics*, Vol. 1, No. 2, 2011.

Tseng, M. Y., "The Genre of Research Grant Proposals: Towards a Cognitive Pragmatic Analysis", *Journal of Pragmatics*, Vol. 43, No. 8, 2011.

Van Bonn, S. and J. Swales, "English and French Journal Abstracts in the Language Sciences: Three Exploratory Studies", *Journal of English for Academic Purposes*, Vol. 6, No. 2, 2007.

Van Dijk, T. A., "Critical News Analysis", *Critical Studies*, Vol. 1, No. 1, 1989.

Van Dijk, T. A., "Principles of Critical Discourse Analysis", *Discourse & Society*, Vol. 4, No. 2, 1993.

Vande Kopple, J. W., "Some Exploratory Discourse on Metadiscourse", *College Composition and Communication*, Vol. 36, No. 1, 1985.

Willett, T., "A Cross-linguistic Survey of the Grammaticization of Evidentiality", *Studies in Language*, Vol. 12, No. 1, 1988.

Yang, H., "Modeling the Relationships between Test-taking Strategies and Test Performance on a Graph-writing Task: Implications for EAP", *English for Specific Purposes*, Vol. 31, No. 3, 2012.

Yankova, D., "Reviews of Worlds of Written Discourse: A Genre-based View", *English for Specific Purposes*, Vol. 25, No. 1, 2006.

You, X. Y., "The Arts of Dwelling Places: Building Ethos in an Online Community", in D. Belcher and G. Nelson, eds. *Critical and Corpus-based Approaches to Intercultural Rhetoric*, Ann Arbor, MI: University of Michigan Press, 2013.

后　记

　　我对对比修辞学（后来发展为跨文化修辞学）的研究兴趣始于2001年，当时我有幸在上海外国语大学胡曙中教授门下攻读博士学位，在博士学位论文选题的初期，我打算做学术英语写作的对比修辞研究，当时兴致满满，还做了一定的先期研究，并发表了几篇小文。可是西方修辞学理论尤其是20世纪修辞学复兴运动中的新修辞学领军人物Kenneth Burke的"同一"修辞概念及其理论引起了我强烈的探索兴趣。Burke的理论博大精深，著述也颇为晦涩难懂，特别是在当时国内并无太多学者关注Burke，除了导师胡曙中教授等寥寥无几的学者引介了包括Burke在内的新修辞学理论之外，对其进行研究的人少之又少。好奇心的推动促使我暂时放下对比修辞研究的兴趣，选择了与Burke相关的问题作为博士学位论文的选题。博士毕业几年后，在2009年我特别幸运地获得了国家社科基金项目的资助，得以继续研究Burke的修辞思想，至2012年结题，我与Burke理论的相爱相杀持续了十余年。

　　Burke课题研究完成之后，我想该重新捡起学术英语写作的对比修辞研究，这一选题的实践性更强，而且当时也正值语料库语言学作为一种似乎更科学的研究方法大行其道之时，我想该换一下路径，这可与我上一阶段更偏重理论的选题形成互补，因为我始终认为一个对自己有要求的学人应该是理论与实践研究并重，虽然我并没有达到我所希冀的水平，且差得很远，但这不妨碍我去努力尝试。于是，我在2015年又一次非常幸运地获得了国家社科基金项目的资助，得以开展跨文化修辞学视域下的二语写作这一课题的研究。一旦真正开始尝试系统性研究，我才发现事情远非自己想象的那么简单，对比修辞学处于不断发展之中，连术语都不断翻新，研究对象也不断扩展，其最关心的"文化"概念也是不断颠覆旧有认知，更遑论研究方法日新月异地发生着变化。但无论如何，正是因为有项目的推动，才使我有毅力去持续探索。

跨文化修辞学是一个十分广阔的研究领域，二语写作研究同样异常丰富，如何做出特色、富有创新的确是一个很大的挑战。本成果的创新点我在书稿引言和结语处已经有所交代，在此就不赘述了，读者诸君可麻烦查看。我在课题研究过程中，总是试图在具体研究对象的拓展和研究方法上做些功夫，但囿于自身学识的局限，很多情况下难以令人满意。至此课题研究成果即将成书出版之时，我深感虽然自己用了洪荒之力，但仍诚惶诚恐，感觉难以出手，不过也算是对几年来辛勤耕读的一个交代吧。

高校教师这个职业需要的是坚守与创新，其中的酸甜苦辣只有经历过的人才能深刻体会。三十多年的不懈奋斗，我依然坚信自己初心不改，好奇心如初，在这条虽然艰辛但很有意义的探索之路上乐观前行。一路走来，离不开众多师友的鼓励与支持，离不开众多机构的鞭策与扶持，在此谨致以衷心的谢忱。

首先我要特别感谢学术成长之路上的三位导师：硕士研究生导师王守元教授（山东大学）、博士研究生导师胡曙中教授（上海外国语大学）、博士后合作导师李熙宗教授（复旦大学），是三位先生将我引入了话语与修辞研究的大门，在我学术发展的不同阶段，给予了无法替代的指导和推动。没有导师的教导和支持，就没有今天的我。

除了导师之外，我应感谢的还有众多前辈、同辈、后浪包括学生的帮助，在此恕不一一道出姓名，以免挂一漏万。他们以各种不同形式给予我的帮助和支持在我整个学术生涯中都发挥了重要作用。

我还要感谢《外语教学与研究》《外语界》《当代修辞学》等学术期刊对我的支持，使得相关研究成果得以发表，这为我完成本研究提供了极大的信心支持。

同时，我要感谢曲阜师范大学，我在这所"小"学校学习和工作了三十余年，曲师大"学而不厌，诲人不倦"的校训一直是激励我在

研之路上"不厌不倦"勇毅前行的座右铭。曲园独有的"味
将成为我恒久的记忆。

在本书酝酿成型之时，我调入了齐鲁工业大学（山东省科学院），得到了其"明德励志，崇实尚能"校训的滋养，工大崇实的科技之风影响了我对科技创新文化的关注，这促使我在2022年申报第三个国家社科基金项目之时选择科技新闻话语作为研究对象，并在"一带一路"倡议的大背景下，试图在自己的学科研究领域尽绵薄之力，助力讲好中国发展故事，加强科技的国际交流与传播，以促进国家认同。项目的成功获批促使我要一如既往地不厌不倦，为工大的文科振兴添砖加瓦，虽觉自身渺小、不值一提，但终究无愧我心，尽力便安心了。我调入工大后，得到了学校领导、外国语学院同事的关心和帮助，并在学院的支持下，建设了修辞、话语与传播研究团队，这为学术共同体活动搭建了一个平台，更加促使我丝毫不敢倦怠。对此，我表示衷心的感谢。

本书能够问世需要感谢中国社会科学出版社的认可与付出的劳动，向为拙著贡献了宝贵光阴的领导和编辑深致谢意。

最后我要感谢关怀和支持我的家人，对于我的各项研究，他们始终都是最有耐心的听众，并不时给出让我顿感柳暗花明的建议。与他们的交流是我平凡的日子中不可缺少的快事。

由于精力和学术能力所限，本研究项目在广度和深度上仍然有诸多欠缺，书中也一定存在着其他不足之处，敬请各位专家学者批评指正，以便我能有稍许进步。我对修辞与话语这个小众研究领域始终心怀热爱和使命感，相信方家的真知灼见一定会促使我认真思考并达成相应行动。

鞠玉梅
2023年春于泉城济南